REGINA ROSENKRANZ

Jeder Tag bringt seine Geschenke mit. Man muss sie nur auspacken.

KLEINE GESCHICHTEN

R. Ros...

BRUNNEN
Verlag GmbH · Giessen

Der Titel dieses Buches ist ein Zitat von Albert Schweitzer.

FSC
www.fsc.org
MIX
Papier aus verantwortungsvollen Quellen
FSC® C083411

Lektorat: Eva-Maria Busch
Umschlaggestaltung: Daniela Sprenger
Satz: DTP Brunnen
Druck: CPI – Ebner & Spiegel, Ulm
ISBN 978-3-7655-4337-1

www.brunnen-verlag.de

Für meine „Geschenke“ Uli & Fabian.
Für Gaby und all die lieben Menschen,
die mir beim „Auspacken“ helfen.

Und an meine Lektorin Eva-Maria Busch
ein herzliches Dankeschön für all die gute
Unterstützung.

Regina Rosenkranz

München, im Frühjahr 2018

Inhalt

Nur Verpackung

Wie ich zum Schreiben dieses Buches gekommen bin? Eigentlich ist meine Ärztin schuld daran. „Na“, fragt sie mich ganz beiläufig, „wieder ein neues Buch in Angriff genommen?“

„Ach nein“, stöhne ich, „irgendwie fehlt mir die zündende Idee. Bei uns ist immer so viel los, da habe ich den Kopf voll mit anderen Dingen.“

Doch sie lässt nicht locker. „So kenne ich Sie ja gar nicht, Frau Rosenkranz. Sonst sprühen Sie doch über vor Ideen. Mit Ihren bezaubernden Engelgeschichten haben Sie mir damals eine große Freude gemacht. Schreiben Sie doch wieder etwas in der Richtung. Schauen Sie mal“, sagt sie und sucht auf dem Regal hinter ihrem Rücken. „Da ist er ja. Diesen kleinen Schutzengel, den Aloisius, hat mir eine Patientin vor vielen Jahren zum Umzug in die neuen Praxisräume geschenkt. In der Zwischenzeit war er schon zweimal in der Engelklinik, Diagnose ‚gebrochener Flügel‘“, meint sie grinsend. „Jetzt hab ich ihn in diese kleine Verpackung gesteckt, denn auch Engel brauchen eine Schutzhülle …“

„Aber über Engel zu schreiben, das fiel mir auch viel leichter. Da brauchte ich noch keine Schutzhülle. Das hat sich inzwischen geändert, ich fühle mich auch eher wie eine leere Verpackung …“

Aber noch bevor ich weiter maulen kann, sagt sie: „Dann schreiben Sie eben über die Verpackung“, meint sie beherzt beim Verabschieden. „Sie kriegen das hin, sind doch ein toughes Mädchen und Sie sehen ja, gebrochene Flügel kann man wieder richten.“

Hab ich ein Glück mit dieser Ärztin, denke ich auf dem Nachhauseweg. Sie nimmt sich wirklich Zeit für ihre Patienten. Dafür wartet man auch gern etwas länger. Sie ist ein Mensch, den der Himmel schickt. Wie schade, dass ich den Titel schon für ein Buch verwendet habe! Jetzt über Verpackungen zu schreiben – das ist ja wohl ein Schritt zurück … Trotzdem will ich die Idee festhalten. Das Internet kann mir da bestimmt Auskunft geben, spinne ich den Gedanken aus unserem Gespräch weiter, während ich durch die Fußgängerzone bummle.

Es gibt Dinge, die haben auf mich auch in Zeiten des Internets eine magische Anziehungskraft. Neben Damenboutiquen – die ich zum Leidwesen meines Mannes in den entferntesten Winkeln aufstöbere – gehören auch Postkartenständer dazu. Vor einem kleinen Antiquariat in der Sendlinger Straße bleibe ich stehen und drehe am quietschenden Kartenkarussell. Nein, da kann das digitale Netz nicht mithalten. Karten muss man anfassen und befühlen können, der haptische Aspekt ist ganz wichtig. Und wie bei Klamotten ist es auch bei Postkarten: Man findet oft das Richtige, wenn man gar nicht danach sucht.

Ich habe schon mehrere Karten in der Hand, da fällt mein Blick auf eine Karte mit einem kleinen, in einfaches Packpapier eingepackten Päckchen; daneben steht: „Jeder Tag bringt seine Geschenke mit. Man muss sie nur auspacken." Ein Zitat von Albert Schweitzer. Ich kaufe zwei Exemplare, hocke mich auf eine Bank und schreibe meiner Ärztin gleich eins der Kärtchen: „Manche Geschenke finden zu einem, manche Geschenke des Lebens versteht man erst im Nachhinein – oder wenn man unter die Verpackung schaut. Dass mir heute gleich zwei so geniale Menschen wie Sie und Herr Schweitzer begegnet sind, richtet meine hängenden Flügel wieder auf. Herzlichen Dank und Gruß auch an Aloisius."

Beim nächsten Besuch sehe ich das Kärtchen im Regal der Ärztin stehen, wo es den kleinen Engel stützt.

Schenken will gelernt sein

„Du, ich wollte dir einen Kuchen zum Geburtstag backen, aber leider ist er mir angebrannt“, sagt meine Freundin Frieda. Sie drückt mir die Kuchenform in die Hand und gleichzeitig einen dicken Kuss auf die Wange. „Bin ich zu spät? Sind schon alle da? Hmh, was riecht denn hier wieder so gut?“, fragt sie alles gleichzeitig und entwirrt sich von einem riesigen grob gestrickten bunten Schal, den sie sich fünfmal um den Hals geschlungen hat.

„Schau mal, den hab ich dir gestrickt, sieht doch ganz witzig aus. Aber weil ich meinen in der Hektik nicht finden konnte, hab ich mir den mal schnell umgehängt. Macht doch nichts, oder?“ Spricht's und schlingt mir den Schal um den Hals. Eingepackt wie ein Eskimo watschele ich ins Wohnzimmer und lege Friedas Gaben auf dem Geschenketisch ab.

„Darf ich vorstellen“, sage ich zu meinen Gästen, „das ist meine liebe Freundin Frieda, aber ich glaube, ihr habt euch alle schon mal gesehen, oder?“

„Hmpf, schmeckt der aber lecker“, murmelt Frieda als Antwort mit vollgestopften Backen.

„Wie gut, dass du mich erinnerst“, melde ich mich zu Wort, „ich wollte das Kuchenbüfett auch gerade eröffnen.“

„Wie kannst du das nur mit Frieda aushalten?“, knurrt mir meine Freundin Moni später in der Küche zu. „Sie kommt zu spät, nimmt sich einfach ungefragt was vom Büfett, bringt einen angebrannten Kuchen mit. So was kann man doch nicht verschenken …“

„Ja, und letztes Jahr hat sie dir doch so eine grässliche Tasche gehäkelt. Ich hätte mich in Grund und Boden geschämt, wenn ich das jemandem überreicht hätte“, fügt Franziska, die gerade ein paar Gläser auf der Spüle abstellt, hinzu.

„Hey, Mädels“, beschwichtige ich die beiden „nur keine dicke Luft! So ist halt die Frieda. Ich freue mich, dass sie da ist. Was beweist, dass sie zumindest an meinen Geburtstag gedacht hat.“

„Na, die hat ja echt bei dir einen Freifahrtschein“, bemerkt Franziska kopfschüttelnd und lässt schwungvoll die Tür der Spülmaschine zufallen.

Ich schaue mich in meiner Küche um und rufe erfreut: „Wow, was täte ich bloß ohne so fleißige Bienchen wie euch? Ihr habt ja schon alles weggeräumt!“ Ich hake mich bei den beiden ein. „Kommt, jetzt habt ihr euch aber einen Prosecco verdient.“

„Oh, beim Prosecco bin ich auch dabei“, meldet sich Frieda, die es sich mit ihrem Kuchenteller und einem meiner neuen Schmöker vom Geschenketisch auf dem Lesesessel gemütlich gemacht hat.

„Na, alles andere hätte mich auch verwundert“, raunzt Moni hinter mir.

Das sind meine Freundinnen! Unterschiedlicher könnten sie gar nicht sein. Auf Franzi und Moni ist immer Verlass. Auch die anderen Mädels – ich kenne sie schon Ewigkeiten –, jede von ihnen ein Geschenk.

Und Frieda? Bekommt sie wirklich von mir einen „Freifahrtschein", wie Franzi meint? Lasse ich ihr wirklich zu viel durchgehen? Müsste ich sie nicht mal auf ihre komischen Geschenke hinweisen? Nein, denke ich zu später Stunde, als ich alle Präsente ausgepackt habe und den Abend Revue passieren lasse. Nein, muss ich nicht. Denn Frieda ist ein echtes Geschenk.

Ihre Geschenke? Okay, den Kuchen füttere ich nach und nach an die Vögel im Garten, den Schal häng ich zu dem anderen vom letzten oder vorletzten Jahr. Das alles macht nichts. Und es kann auch sein, dass Frieda mal wieder meinen Geburtstag verschwitzt oder mit einem seltsamen oder in letzter Minute erstellten Präsent daherkommt.

Früher fand ich das auch mal ärgerlich. Nur steht die gleiche Frieda, die mit ihren Geschenken nicht so viel Glück hat, im Notfall vor meiner Tür und hat alle Zeit der Welt, wenn es bei mir brennt. Was ist das schon gegen angebrannten Kuchen?

Sag ich doch – und *wie* die schenken kann!

Wie ausgemacht

Wo steckt sie bloß, die Gute, denke ich und schaue wahrscheinlich zum hundertsten Mal auf die Uhr. Jetzt warte ich schon über eine halbe Stunde vor der Kunsthalle auf meine italienische Freundin. Ihre S-Bahn müsste längst am Marienplatz angekommen sein, die Eintrittskarten habe ich auch schon gekauft. Wieder mal stelle ich für mich fest: Ich kann Warten nicht ausstehen. Da beeile ich mich extra, nur um jetzt in diesem zugigen Durchgang vor dem Museum zu stehen, damit wir uns ja nicht verpassen. Dabei war es doch ihre Idee, sich direkt vor der Galerie zu treffen.

Noch einmal schaue ich auf mein Smartphone. Um zwölf hat sie mir geschrieben, sie sei im Zug. Bei meiner Ankunft vor dem Museum habe ich ihr geantwortet: „Ok, bin schon da." Ungeduldig tigere ich auf die andere Straßenseite, um mehr Überblick zu haben. Wie haben wir das eigentlich früher ohne Smartphone hingekriegt?

Da – eine WhatsApp von ihr: „Bin auch da, aber wo bist du?"

Hey, will die mich jetzt veräppeln? Ich steh mir vor der Galerie die Beine in den Bauch und wer nicht auftaucht, ist sie … Kurz angebunden schreibe ich zurück: „Vor der Galerie, wie ausgemacht."

Pling, ihre Antwort kommt prompt: „Vor der Galeria, wie ausgemacht. Aber macht nichts“, schreibt sie, „ich komm dir entgegen.“

Ach, Mist, sie meint die Galeria Kaufhof als Treffpunkt. Hab ich da was falsch gelesen? Ich blättere noch mal alle Nachrichten von gestern durch. Na prima, da steht's: „Galeria“. Was so ein Buchstabe doch ausmacht … Und stillschweigend bin ich davon ausgegangen, dass meine Freundin damit die Kunstgalerie meint, dabei steht sie vorm Kaufhaus. Manchmal hilft doch nur das Telefonieren. Immerhin weiß ich jetzt, aus welcher Richtung sie kommen muss, und gehe ihr ein paar Schritte entgegen.

Wir fallen uns in die Arme und lachen. „Galeria mit ‚a‘, nicht mit ‚e‘, meine Liebe“, meint sie kopfschüttelnd. Zerknirscht muss ich zugeben, mich geirrt zu haben.

„Macht nichts“, meint sie, „ich nehme es sportlich. Es waren ja nur vierhundert Meter von mir zu dir.“

„Entschuldige! Und ich war felsenfest der Überzeugung, recht zu haben …“, versuche ich mich beim Eintreten in die Galerie zu rechtfertigen.

„Ging mir genauso“, meint sie. „Aber das ist das Gute an Freundinnen: Sie klären ihren Standpunkt, lachen über Missverständnisse und gehen dann aufeinander zu. Zumindest eine von ihnen, die läuft, während die andere ganz gemütlich geht.“ Dabei knufft sie mich in die Seite. „Ich kenn dich doch ganz gut, liebe Gina. Und ich vermute, dass du erst mal checken musstest, ob ich wirklich recht habe."

Mein Grinsen verrät Bände. „Weißt du, das nächste Mal lass ich dich einfach vor dem Kaufhaus versauern und geh allein in die Galerie", schimpfe ich, nicht ganz ernst gemeint.

Was ist schon passiert?

Ach, diese nervige Müllabfuhr! Schon früh um sieben rangieren die mit ihrem Auto in unserer Straße. Die großen Container vom Haus gegenüber werden laut scheppernd zum Müllfahrzeug gezogen. Ich trinke den letzten Schluck Kaffee und überlege, was ich nach dem Unterricht noch alles erledigen muss. Eine ganze Menge! Schaffe ich das heute überhaupt?

Am frühen Nachmittag bin ich zurück in der Wohnung. Was sagt der Wetterbericht im Radio? Heute noch ein sonniger Herbsttag mit Temperaturen bis zu 20 Grad, die nächsten Tage sollen spürbar kühler und regnerisch werden. Also nichts wie raus auf den Balkon, um ein letztes Sonnenbad zu genießen.

Herrlich, mit einem Top und barfuß im Liegestuhl zu liegen. Ich will nur zehn Minuten Sonne tanken. Schade, dass ich nicht mehr Zeit habe, denn ich muss noch allerlei am Schreibtisch erledigen und die Wäsche wartet! Vorher will ich aber rasch den Müll wegbringen.

Mit neuer Energie springe ich auf, schlüpfe barfuß in meine alten Filzpantoffeln, stopfe noch schnell den Mülleimer mit Unkraut voll, klemme mir im Vorübergehen das Altpapier unter den Arm und stapfe so bepackt zum Unterstand für die Mülltonnen. Prima, die

Tür steht weit offen. Erst werfe ich den Papiermüll in den Container und dann mit Schwung den Müllsack in den grauen Behälter. Das scheppert ein wenig, weil die Tonnen morgens geleert wurden. So, jetzt aber frisch ans Werk.

Mit zwei leeren Eimern und Filzschlappen an den Füßen stehe ich drei Sekunden später vor der Haustür. Und da dämmert es mir: Ich habe keinen Schlüssel! Wie kann das sein? Habe ich keinen mitgenommen? Das mache ich immer automatisch, ohne nachzudenken. Ich durchwühle alle Taschen – ergebnislos. Noch mal zurück zum Müllcontainer, die Tür steht ja noch offen. Ich schau in die Tonnen, die ich benutzt habe, vorsichtshalber. Aber ich bin doch nicht so blöd, dass ich den Schlüssel in den Abfall werfe!

Und nun? Die Sonne scheint noch, aber im Top und in Filzschlappen bis zum Eintreffen meines Mannes spazieren zu gehen, ist irgendwie nicht die Option. Zaghaft läute ich beim Nachbarn und tatsächlich ertönt kurze Zeit später der Türsummer.

„Komm rein, du hast Glück, ich war gestern bei den Enkeln“, sagt mein Nachbar Stefan, als ich ihm von meinem Missgeschick erzähle.

„Oh, ich bin so doof!“, schimpfe ich mit mir. „Dabei wollte ich heute so viel erledigen.“

„Jetzt geh doch nicht so hart mit dir ins Gericht“, meint er wohlwollend. „Das kann doch jedem passieren. Okay, deine Balkontür steht offen, aber die Sonne scheint noch rein. Du hast kein Bügeleisen an und nichts auf dem Herd stehen. Das ist doch schon mal positiv. Wie kann ich dir helfen? Magst du einen Tee? Soll ich Uli oder den Schlüsseldienst anrufen? Brauchst du Schuhe, Geld, eine Jacke?“

Wir einigen uns auf ein Glas Wasser und einen Anruf bei meinem Mann. Der kann erst in zwei Stunden da sein. „Wenigstens ist mir das nicht gestern passiert, da war er nämlich noch auf Dienstreise in den USA.“

„Siehst du, das meine ich. Hör auf, mit dir zu schimpfen! Was sind schon zwei Stunden Warten im Leben? Setz dich auf unseren Balkon, da scheint die gleiche Sonne wie bei euch drüben. Was ist schon Schlimmes passiert? Ich bin da, hab Zeit, rück dir einen Stuhl in die Sonne und einen Tee wollte ich ohnehin machen.“

Ist das nicht ein Geschenk, so ein Nachbar, denke ich mit einer dampfenden Tasse Tee in den Händen und warmen Füßen in den Filzpantoffeln. Stimmt, es hätte alles viel schlimmer sein können. Wenn das Gleiche gestern passiert wäre, hätte ich den Schlüsseldienst holen und zahlen dürfen. Aber ich wollte doch so viel machen heute! Auf meinem Schreibtisch türmt sich die Arbeit, die Wäsche ist noch nicht aufgehängt – und ich sitz jetzt hier beim Nachbarn … Wo ist bloß der Schlüssel? Der hängt doch hoffentlich im Kasten, mahnt eine negative Stimme in mir.

Stefan bemerkt meine ernste Miene und sagt: „Komm, Sorgen machen kannst du dir später. Jetzt musst du erst mal auf Uli warten und vom Positiven ausgehen. Wenn der Schlüssel nicht dort ist, wo du vermutest, dann überlegst du dafür eine Lösung."

Genau, kommt Zeit, kommt Rat. Anfangs fällt es mir schwer, diese Zeit auf dem Nachbarbalkon einfach als Auszeit zu sehen. Aber dann ist es auch schön, sich mal wieder ein wenig auszutauschen. Man sieht sich ja viel zu selten und so profitieren wir auch noch von einem der letzten goldenen Oktobertage.

Als mein Mann klingelt, bedanke ich mich herzlich und schaue sofort nach meinem Schlüssel. Leider ist der nicht im Schlüsselkasten und auch in der ganzen Wohnung nicht auffindbar. Ich gehe im Geist noch mal alle Möglichkeiten durch. Wie sagte Stefan, Sorgen kannst du dir später machen. Jetzt mache ich mir welche. Mir ist heiß und kalt zugleich.

„Du, ich fürchte, ich hab den wirklich in den Müll geworfen", sage ich mit verzweifelter Stimme zu meinem Mann.

„Ja, dann lass uns suchen, bevor es dunkel wird. Bring die Taschenlampe mit, ich zieh mir alte Klamotten an und hole die Gabel aus dem Keller." So ausgerüstet wartet er draußen auf mich. Ich weiß zum Glück noch genau, an welcher Tonne ich war, wenigstens etwas.

Und tatsächlich, ganz unten in dem großen Container blitzt mein Schlüssel zwischen den wenigen Müllsäcken hervor und lässt sich mit der langen Gabel vorsichtig herausholen. Ich bin so froh.

Was für ein Tag! Begonnen hat alles mit der Müllabfuhr, auf die ich geschimpft hatte. Doch was für ein Glück, dass heute geleert wurde. In vollen Tonnen hätten wir den Schlüssel nicht finden können. Dann treffe ich auf den netten, optimistischen Nachbarn und später auf meinen verlässlichen und lösungsorientierten Ehemann. Keiner hat mir Vorwürfe gemacht, außer ich mir selbst.

Was ist schon passiert? Mein Schlüssel hat seit heute ein buntes Schlüsselband und ich neuen Stoff für eine Kurzgeschichte. Sonnenbaden war gestern, heute regnet es wie aus Eimern. Aber mein Nachbar würde jetzt sagen: „Nur Pessimisten stehen im Regen, Optimisten duschen unter Wolken."

Ein Schmuckstück

Neulich treffe ich Marie, meine Kollegin vom zweiten Stock, in unsrer Teeküche. Sie hantiert gerade am Kaffeeautomaten und mein Blick bleibt an ihrer rechten Hand haften.

„Wow", rufe ich aus, „ein Wahnsinnsring! Zeig mal, wo hast du *den* denn her?"

Stolz präsentiert sie das imposante Schmuckstück. „Ja, den hab ich von meinem Schatz zum zehnten Hochzeitstag bekommen. Ist der nicht toll?"

„Ja, ein toller Stein", sage ich und bewundere ihn wirklich. Auf dem Rückweg ins Büro denke ich: Aber das wäre überhaupt kein Geschenk für mich. Den Ring würde ich garantiert irgendwo liegen lassen oder mir die Strümpfe damit zerreißen. Maries Mann hat wirklich Glück, dass er ihr mit einem schönen Schmuckstück eine Freude machen kann. Da hat es mein Mann schon schwerer.

Die Ketten und Ringe, die ich gerne trage, kann man an einer Hand abzählen, ansonsten mag ich es gerne unkompliziert: keine teuren Stücke, auf die ich aufpassen muss. Ein, zwei Lieblingsteile, gern aber auch selbst erworbenen oder von kreativen Freundinnen gemachten Modeschmuck. Da hat man dann auch gleich eine kleine Geschichte zum Geschenk dazu.

Dabei sagt man doch immer, Schmuck ließe jedes Frauenherz höherschlagen. Nicht meines, das schlägt wohl eher „hölzern". Aber das Schöne ist, mein Mann scheint es zu wissen. Gut, das dachte ich zumindest.

„Dieses Jahr schenk ich dir einen richtig fetten Klunker, und basta. Ist doch eine super Wertanlage. Mein Kollege hat seiner Frau neulich im Flieger einfach die teuerste Kette aus dem Duty-free-Katalog ausgewählt, und fertig. Ich mach das jetzt genauso, und tu da nicht mehr lange mit Geschenken rum", meinte er mit ernster Miene ein paar Tage vor unserer Silberhochzeit.

„Untersteh dich!", schimpfe ich mit erhobenem Zeigefinger – und bin nach dieser Ankündigung doch eine Spur unsicher.

Wir verbringen die Tage um unseren Hochzeitstag beim Wandern in den Dolomiten und sitzen an unserem Ehrentag unterhalb des Gipfelkreuzes vom Piz Boè, dem höchsten Gipfel des Sellamassivs. Ich bin ziemlich k. o. vom Aufstieg, aber zugleich auch überwältigt, nun in dieser Felslandschaft im Hochgebirge zu stehen und das Panorama zu genießen.

„Glückwunsch zu deinem ersten Dreitausender!", sagt mein Mann. Ich will gerade ansetzen, dass es wohl auch mein letzter bleiben wird, da fügt er noch hinzu: „Ach ja, und Glückwünsch zum Hochzeitstag!" Er zieht tatsächlich ein kleines, kunstvoll verpacktes Schmuckkästchen aus seinem Rucksack hervor.

Mit leicht mulmigem Gefühl nehme ich es entgegen und packe es vorsichtig aus. Aber dann verstehe ich und falle ihm mit Tränen in den Augen um den Hals. In einen kleinen Plastikring hat er ein Kärtchen gesteckt. „Für meine Frau, die Juwelen ja anscheinend kaltlassen. Aber vielleicht erwärmt sie ein Gutschein für eine Krippe, die sie sich morgen am Erholungstag beim Holzschnitzer im Grödnertal aussuchen darf."

Ich hab ja gesagt, dass mein Herz bei Holz höherschlägt. Jedes Jahr in der Weihnachtszeit packe ich meine „Juwelen aus Holz" aus und freue mich daran. Und noch mehr freue ich mich, einen Menschen an meiner Seite zu haben, der weiß, welches Geschenk zu mir passt. Das ist schon ein wahres Geschenk.

Mädelstreff

Ich mag meine Freundinnen. Fünf Mädels, wie sie unterschiedlicher nicht sein können. Aber im Moment könnte ich sie schier auf den Mond schießen. Seit Wochen reden wir davon, am ersten Juniwochenende zusammen nach Salzburg zu fahren. Beim letzten Treffen waren alle entzückt von der Idee und winkten etwaige organisatorische Fragen lässig ab. Hätte ich sie mal lieber vor dem ersten Glas Wein gefragt …

„Nee, das kriegen wir schon hin, da gibt es keine Probleme. Wäre nett, wenn du, Gina, die Fahrkarten besorgst. Und kümmer dich auch gleich um die Pension. Ist doch besser, wenn das in einer Hand bleibt. Außerdem kennst du Salzburg ja wie deine Westentasche."

Na gut, denke ich, den Job habt ihr mir ja mehr oder weniger aufgedrückt. Aber das krieg ich schnell hin, wo sich doch die Mädels schon im Vorfeld so einig sind.

Ein, zwei Wochen später nehme ich mir vor, mich am Abend um das Gruppenticket für den Zug zu kümmern. Vorher will ich nur noch kurz alle anrufen, ob's auch wirklich dabei bleibt … Also, ich kenne zwar Salzburg wie meine Westentasche, aber offenbar nicht die Mädels, denn kurz geht da jetzt gar nichts.

Während die Erste mich gleich in eine längere Diskussion um Erziehungsfragen rund um ihren pubertierenden Sohn verwickelt und gar nicht weiß, ob sie ihrem Mann diese Männerwirtschaft während ihrer Abwesenheit zutrauen kann, hat die Zweite jetzt gerade gar keinen Kopf, über etwas noch so weit Entferntes nachzudenken. Schließlich stehe die Konfirmation des Jüngsten ins Haus, die Verwandtschaft rücke bald an und der komplette Haushalt müsse noch auf Vordermann gebracht werden.

„Melde dich einfach kurz zwischendurch, wenn du Luft und Zeit hast", beende ich ihre Litanei. Einen Satz, den ich mir bei der Dritten im Bunde gleich verkneife. Ihr hinterlasse ich den ganzen Tag über vergeblich Nachrichten mit der Bitte um einen kurzen Rückruf zur Bestätigung des Termins.

Sind das etwa die gleichen Mädels, mit denen ich so viel Spaß habe und Tränen lache, frage ich mich allmählich. Ich traue mich schon gar nicht mehr, die vierte Freundin anzurufen, denn das ist Liese und die hat vor Kurzem ein Schreibwarengeschäft in der Nähe der Schule übernommen. Ich ahne schon, wie es jetzt am Nachmittag dort aussieht. Bestimmt wird ihr gerade von Kids und Eltern die Bude eingerannt.

Ich seufze und denke über die vertane Zeit an diesem so anders geplanten Nachmittag nach. Da klingelt mein Telefon.

„Super, dass du da bist", schnauft mir Mädel fünf entgegen. Mädel fünf heißt eigentlich Sandra, aber sie ist nicht nur als Letzte in unsre Clique gestoßen, sondern hat auch fünf Kinder. Sandra ist eine ganz Fixe, nicht nur im Reden. Sie war bis zur Geburt ihrer beiden Jüngsten – Zwillinge! – als Psychologin tätig.

„Hey, Mädel fünf, dich wollte ich auch noch anrufen. Wo kommst du denn so schnaufend her?"

„Du, ich komm gerade von Liese und wir haben nur kurz über den Ausflug nach Salzburg sprechen können …"

„Und jetzt willst du mir sagen, dass auch euch der Termin nicht mehr so gut passt", unterbreche ich sie in frustriertem Tonfall.

„Quatsch, wie kommst du denn auf so was? Wir freuen uns schon darauf. Mädelausflug hat bei uns Priorität! Da müsste schon etwas ganz Wichtiges dazwischenkommen. Liese wollte sich auch schon längst bei dir melden, weil du ja netterweise die Buchung für alle übernimmst, aber ihr Laden ist so brechend voll. Darum habe ich angeboten, dir Bescheid zu geben, dass du auf uns beide sicher zählen kannst."

„Lass dich durchs Telefon drücken!", antworte ich gerührt. „Du hast gerade meine Laune um hundert Prozent gebessert. Da telefoniere ich den ganzen Tag drei Diven nach, soll mich nach deren Wünschen und Zeitplänen richten, und dann ruft die schnelle Sandra an und ratzfatz weiß ich gleich von zwei Mädels Bescheid. Dabei habt gerade ihr beiden doch genug um die Ohren."

„Mach dir mal keinen Kopf … Du nimmst dir ja auch

Zeit für uns und niemand hat Zeit zu verschenken. Das habe ich früher meinen Klienten vermittelt und heute erzähle ich es meinen Kindern: Die Zeit eines jeden von uns ist kostbar, egal, in welcher Situation er oder sie gerade steckt. Da wird nicht gerechnet und entschuldigt, weil die eigene Sache wichtiger erscheint als die der anderen. Egal ob mit Großfamilie, eigenem Geschäft oder was auch immer: Zeit ist immer kostbar, weil wir kostbar sind. Aber jetzt muss ich los, die Jungs warten am Sportplatz …"

Und schon hat sie aufgelegt, noch bevor ich ihr sagen kann, was für ein kostbares Geschenk sie mir da eben auf die Schnelle gemacht hat.

Nur ein Schulaufsatz

„Erinnert ihr euch noch an unseren Lehrer Karle und seine Aufsätze?", fragt ein ehemaliger Mitschüler beim Klassentreffen.

„Ja, natürlich, der war doch in der Fünften und Sechsten unser Klassenlehrer. War das nicht auch in der Zeit, als dieser Neue in unsere Klasse kam? Ihr wisst schon, der Italiener … wie hieß der denn gleich?"

„Na, Ferrero natürlich. Alberto Ferrero", meint Hedi neben mir.

„Genau, der brauchte sich nur zu räuspern und schon machte die ganze Klasse einen Kussmund. ‚Denn seinen Freunden gibt man ein Küsschen – oder zwei, oder drei', das war doch damals der Werbefilm des Schokoladenherstellers, den wir natürlich alle nachäfften."

„Oh, was waren wir oft gemein zu ihm! Dabei war der eigentlich ganz nett und konnte wirklich nichts für diesen dummen Werbespruch. Aber der Karle, der hatte eine tolle Art, mit unseren gemeinen und albernen Sprüchen umzugehen. Der arme Alberto war ja nicht der Einzige, auf dessen Kosten wir uns lustig machten", erinnert sich Burkhard, der an unserem Tisch vor Kopf sitzt.

„Ja, ja, ich weiß noch ganz genau, wie oft ihr, wenn ich dran war, Hasenohren angezeigt habt, weil ich so vorstehende Zähne hatte. Das war gar nicht nett", schimpft Siggi. „Seid froh, dass ich euch das verziehen habe. Auch das verdanken wir unserem Karle … Es war schon eine tolle Idee, einfach ein Aufsatzthema daraus zu machen. Wisst ihr das noch?"

Und ob! Alle in der Runde können sich auch nach so langer Zeit noch daran erinnern.

Jedes Jahr wurde kurz vor Weihnachten in unserer Klasse gewichtelt. Das heißt, jeder zog den Namen eines Mitschülers aus einer Box und sollte sich für diesen ein passendes Geschenk ausdenken. Der Betrag wurde vorher festgelegt.

„Was haltet ihr davon, wenn wir das Weihnachtswichteln in diesem Jahr anders machen?", schlug Lehrer Karle damals vor.

„Ja, warum nicht?", meinten die einen, die sich noch an ein ziemlich einfallsloses Geschenk vom Vorjahr erinnerten. „Ach, ist doch immer lustig, was in den Päckchen ist", meinten andere.

Aber Herr Karle, dem die Hänseleien innerhalb der Klasse nicht entgangen waren, ließ sich nicht beirren. „Ihr scheint ja allesamt sehr genau zu wissen, was ihr an euren Mitschülern auszusetzen habt und womit ihr sie treffen könnt. Da habe ich mir überlegt, dass ihr dieses Jahr mal das Geld für ein Geschenk sparen könnt, denn alle bekommen das Gleiche. Ein leeres Päckchen, in dem …"

Weiter kam Herr Karle gar nicht. Ein Raunen und

Murren ging durch die Klasse, ich weiß es noch, als wäre es heute gewesen.

„Wie? Alle das Gleiche und dann nix drin? Das ist doch kein Geschenk!“, schimpften wir durcheinander.

„Doch“, fuhr unser Klassenlehrer unbeirrt fort, „denn das Geschenk seid ihr. Jeder von euch ist ein Geschenk. Ihr schaut nur immer auf das Negative und Trennende – statt auf das Positive zu sehen und darauf, was euch verbindet. Aber nur weil jemand einen für eure Ohren komischen Namen hat, ist er doch noch kein komischer Mensch …“

„Aber der, den ich gezogen habe, ist wirklich komisch“, warf eine Mitschülerin ein und erntete Lacher von unserer Seite.

„Klingt nach Arbeit“, rief der schreibfaule Frank von hinten.

„Ist es auch. Ihr macht euch nämlich Gedanken über die Person, die ihr beim Wichteln gezogen habt, und schreibt an sie einen Brief“, erläuterte unser Lehrer seinen Plan.

„Ein Brief? Das ist ja noch schwieriger als ein Aufsatz!“, empörten wir uns. „Wie sollen wir das denn vor Weihnachten noch schaffen?“

„Wie ihr das schafft und wie ihr den Brief gestaltet, bleibt euch überlassen. Aber ich bin mir sicher, wenn ihr einmal angefangen habt, macht euch die Sache sogar Spaß. Außerdem habt ihr noch bis zur vorletzten Schulwoche Zeit, dann sammle ich eure Geschenkschachteln ein.

Aber nun zum Wichtigsten, denn alle Briefe beginnen mit dem gleichen Satz …“ Und mit schwungvoller Handschrift schrieb er an die Tafel: „Was mir an dir gefällt …“

„Wisst ihr eigentlich, dass ich ohne den Ferrero nie eine Urkunde für die Bundesjugendspiele bekommen hätte?“, sage ich. „Der hat nämlich mit mir das Werfen geübt und hatte eine Engelsgeduld. Das habe ich ihm damals in seinen Brief geschrieben. Dabei gehörte ich auch zu denen, die sich über seinen Namen lustig gemacht haben.“

„Und wenn ich daran denke, wie ernst ich auf allen Klassenfotos geschaut habe, bis mir der Frank in genau diesem Brief schrieb, ich sollte öfter lachen. Ich hätte sehr schöne Zähne, die ich nicht verstecken müsste. Das hat mir damals sehr gutgetan und ich habe mich wieder getraut zu lachen“, meldet sich Siggi zu Wort.

„Das war schon toll, da sieht einer von außen auf dich und konzentriert sich auf das Gute an dir. Dadurch siehst du dich gleich selbst mit anderen Augen. Aber einfach war das damals nicht, ich hab ewig vor dem leeren Blatt gesessen“, erinnert sich Burkhard.

„Na ja, meistens achtet man ja zuerst darauf, was man am anderen komisch findet oder was einen stört“, ergänzt Hedi.

„Ach, Leute, ich unterbreche so ungern, aber ich muss leider“, meldet sich Martin mit Blick auf die Uhr.

„Morgen in aller Frühe geht mein Zug nach Hamburg. Es war ein spannendes Thema und ein schöner Abend. Hab ich übrigens schon erzählt, dass meine Firma ein Vermögen dafür ausgibt, die Stärken ihrer Mitarbeiter herauszufiltern? Und bei unserem Lehrer Karle genügte ein einfacher Satz an der Tafel …"

Hedi nickt. „Und wir dachten, er nähme uns die Wichtelgeschenke weg und wir bekämen nur eine leere Schachtel. Dabei steckte da so viel fürs Leben drin."

„Moment mal!", verschafft sich Siggi Gehör. „Bevor alle auseinandergehen: Wann und wo ist das nächste Treffen? Wer noch diesen Brief hat, möge ihn unbedingt mitbringen! Den Ferrero könnten wir sicher auch über soziale Netzwerke auftreiben. Wer übernimmt das?"

Unsere Siggi ist schon wieder ganz in ihrem Element.

Schwester Frederike

Ein paar Tage im Krankenhaus stehen mir bevor. Meine Ärztin hat gesagt: „Melden Sie sich bei Stationsschwester Frederike. Bei ihr sind Sie gewiss in guten Händen." Das mag stimmen, aber ich bin trotzdem schon tagelang vorher nervös.

Montagfrüh sitze ich an der Patientenaufnahme. Eine lange Schlange Wartender hat sich gebildet und es geht nur schleppend voran. Erst zwei Stunden später komme ich ins Stationszimmer.

„Schwester Frederike ist noch im Haus unterwegs. Sie sehen ja selbst, wir haben heute viele Neuaufnahmen. Warten Sie doch einfach hier", sagt eine junge Schwesternhelferin und zeigt mir, wo ich Platz nehmen soll.

„Kein Problem, ich habe Zeit mitgebracht, bin ja ein paar Tage hier", erwidere ich und schnappe mir mein Buch.

Ungefähr eine halbe Stunde später steht ein wahres Tönnchen von Frau vor mir. Ich glaube, sie ist tatsächlich ebenso breit wie lang.

„Ich bin Schwester Frederike", begrüßt sie mich mit kräftigem Händedruck. „Dann wollen wir mal schauen, was wir hier mit Ihnen anstellen und wie wir Sie so schnell wie möglich wieder loswerden, oder?" Sagt's und gibt mir einen Klaps auf die Schulter.

Ich habe noch nie eine so dicke, fast quadratische Frau gesehen, aber ich fühle mich sofort wohl in ihrer Nähe. Jetzt weiß ich, was meine Ärztin mit ihrem Satz gemeint hat, bei dieser Schwester sei ich in guten Händen.

„Gut, dann machen wir erst mal die Formalitäten. Wenn Sie bitte eben zu mir an den Anmeldetresen kommen“, unterbricht sie meine Gedankengänge. „Wir haben nämlich ein kleines Problem mit den Zimmern, weil wir heute schon so viele Neuzugänge hatten. Ich hoffe, Sie haben nichts dagegen, wenn ich Ihnen als Kassenpatientin ein Privatzimmer geben muss.“ Mit verschmitztem Lächeln schaut sie mich an.

„Nun, das ist natürlich bitter, aber ich denke, dass ich das die paar Tage verkraften werde“, spiele ich das Spiel mit.

„Gut, dann haben wir das ja auch geregelt und machen uns jetzt an die Unterlagen.“

Während sie meine Daten in den Computer eingibt, fällt mein Blick auf ein Poster hinter ihr mit einem Spruch von Oscar Wilde. „Sei du selbst“, steht darauf, „alle anderen sind schon vergeben.“

„Das ist ja ein toller Satz, darf ich davon ein Foto machen?“, bitte ich die Schwester.

„Aber klar dürfen Sie das. Warten Sie, ich mach Ihnen Platz, zu zweit kommen wir wohl nicht aneinander vorbei.“ Ein erneutes Grinsen macht sich in ihrem Gesicht breit. „Na ja, wenn man so besonders aussieht wie ich, braucht man auch ein besonderes Lebensmotto, nicht wahr?“

Wenig später zeigt mir die „besondere" Krankenschwester mein Zimmer, wo ich mich erst mal aufs Bett lege und den Vormittag Revue passieren lasse. Ich merke, dass ich viel weniger Angst verspüre als noch am Morgen.

Ich mag die Einstellung dieser Stationsschwester, über die bestimmt oft gespottet und gelacht wird. Sie aber macht ihren Wert nicht von anderen abhängig, sondern nimmt sich an, wie sie ist: als etwas Besonderes – wie jeder Einzelne von uns auch.

Danke, Schwester Frederike, auf Ihrer Station war ich wirklich in guten Händen.

Zeit für ein Grüß Gott

Wenn ich meine Sprachschüler frage, was sie an Deutsch schwierig finden, hageln nur so die Antworten: „Die Präpositionen, die Deklination und Konjugation, die Uhrzeit, die Zahlen, die Aussprache, die Satzstellung, die Anrede mit du oder Sie …" Jedem fällt noch etwas anderes ein.

Frage ich umgekehrt, was ihnen an der deutschen Sprache gefällt, gibt es normalerweise eine kleine betretene Pause. Jeder in der Gruppe weiß, warum er Deutsch lernen will oder muss. Wichtiges, Interessantes, Lustiges und Merkwürdiges – das fällt ihnen allen spontan ein. Aber gibt es etwas *Schönes* im Deutschen?

Anders am letzten Donnerstag. Ich stelle dem Kurs die gleiche Frage und wie aus der Pistole geschossen sagt eine Teilnehmerin aus Südkorea: „Das Wort ‚Grüß Gott!' mag ich. Es war das erste Wort, das ich gelernt habe, als ich nach Bayern kam, und es gefällt mir total. So ein schöner Gruß."

Auch die anderen im Kurs stimmen ihr zu. „Wir sagen immer nur ‚Hallo', aber ‚Grüß Gott' klingt einfach sympathisch, familiär … zwei kleine Wörtchen und man bekommt noch einen guten Wunsch für den Tag mitgegeben."

„Ja, und außerdem kann man da nichts falsch deklinieren

wie bei ‚Schönen Tag' oder ‚Schönes Wochenende'. ‚Grüß Gott' bleibt ‚Grüß Gott', egal zu welcher Uhrzeit ich es sage", meint eine russische Teilnehmerin schmunzelnd. – „Und sogar wenn ich zwei Leuten begegne, muss ich nicht ‚Grüßt Gott' sagen. Und ich darf endlich mal wildfremde Menschen duzen, ohne die Höflichkeitsformen zu verletzen, das ist für mich als Australier enorm wichtig. Dagegen klingt unser ‚Hello' nichtssagend."

Gleich nach der interessanten Diskussion im Unterricht habe ich einen Termin beim Augenarzt. Ich gehe ins Wartezimmer, sage „Grüß Gott" zu der einzigen dort wartenden Patientin, einer älteren Dame. Sie erwidert nichts. Ich registriere das, aber ich nehme es ihr auch nicht übel, träume so vor mich hin, während ich die Vögel vorm Fenster des Wartezimmers beobachte.

Was für gute Gedanken sich diese Deutschgruppe doch gemacht hat. Auch mir gefällt diese herzliche Begrüßungsformel. Seit fast dreißig Jahren begleitet sie mich durch meinen Alltag in München und auch der muslimische Obsthändler erwidert mein ‚Grüß Gott' wie selbstverständlich. Bin ich wieder in meiner alten Heimat zu Besuch, entschlüpft mir auch dort beim Betreten eines Geschäfts ein ‚Grüß Gott'. Und meistens ernte ich ein freundliches Gesicht oder ein verstehendes „Ach, Sie kommen wohl aus Bayern?"

Ich schaue auf die Uhr, gerade wird die ältere Dame aufgerufen. Sie will schon Richtung Arztzimmer gehen, da stutzt sie, wendet sich zu mir und sagt: „Entschuldigung, ich hab Sie vorhin nicht gesehen, sonst hätte ich Sie doch gegrüßt."

„Macht doch nichts", sage ich, „ich freue mich auch im Nachhinein über Ihren Gruß. Vielleicht war ich vorhin einfach zu leise."

„Frau Huber, kommen Sie bitte zum Doktor", ruft die Sprechstundenhilfe ein bisschen ungeduldig.

„Ja, ja, bin gleich bei Ihnen, aber die Zeit für ein ‚Grüß Gott' muss noch sein."

Mama und die Wut

Es gibt Situationen, da könnte ich wirklich aus der Haut fahren. Vor ein paar Jahren hatten wir gerade die Küche renoviert. Nach getaner Arbeit sitze ich mit einer schönen Tasse Tee am Esstisch und schaue auf die frisch gestrichene Wand. Huch, was ist das? Die Farbe war doch vorhin schon trocken!

Da klingelt es auch schon an der Tür. Wasserschaden im Stockwerk über uns! Nein, denke ich, und kriege so eine Wut. Natürlich, der Nachbar kann nix dafür. Dem ist das Ganze ja auch peinlich. Aber während mein Mann zwar sauer ist, aber schon ganz praktisch an die Begrenzung des Schadens denkt, koche ich vor Wut und die ist nicht einzudämmen.

Dagegen war gestern ein richtiger Gute-Laune-Tag. Die Sonne schien, ich hatte ein wenig Zeit und säte ein Saatband mit Frühlingsblumen auf dem Balkon ein. „Frühling lässt sein blaues Band wieder flattern durch die Lüfte“, ging mir dabei das schöne Gedicht durch den Kopf. Ich dachte: Das wird bestimmt nett, wenn die Blumen in verschiedenen Farben blühen.

Später sitze ich in meinem Arbeitszimmer, das zum Innenhof hinausgeht, und denke nicht mehr an die Blumen. Zwei Stunden später. Ich will gerade im Freien einen Joghurt essen und rücke mir einen Stuhl in die Sonne. Da fliegt ein kleiner Vogel erschrocken hoch. Den habe ich wohl gestört. Aber wobei?

Neugierig schaue ich auf mein kleines Vormittagswerk. Nein, bitte nicht! Die ganze Erde ist durchwühlt, das Saatband herausgerissen und fein säuberlich jedes Saatkorn abgepickt.

„So eine Gemeinheit!“, schimpfe ich. „Und dann der Dreck auf dem Boden … Die ganze Arbeit umsonst!“

Ja, jetzt weiß ich, dass es noch eine Spezies gibt, die mich zur Weißglut bringen kann: unsere Gartenvögel. Wie heißt es so schön: Sie säen nicht, sie ernten nicht … genau! Ich füttere sie im Winter und kredenze ihnen Fettfutter und Meisenknödel, die sie ignorieren, weil in der Nachbarschaft noch Besseres angeboten wird … Aber mir mein Gesätes fressen? Nein, das Frühlingsband zwischen mir und euch ist endgültig gerissen. Habe ich eine Wut!

Und wissen Sie, was das Schlimmste ist, wenn man aus der Haut fährt? Nun, wenn man dabei auch noch beobachtet wird …

„Auweia, Mama, das ist ja ’ne schöne Bescherung“, ertönt es hinter mir, mehr belustigt als mitleidig. Mein Sohn ist unbemerkt hinter mich getreten. „Ich muss gleich an die Uni weiter, aber mir ist gerade das ideale Geschenk zum Muttertag eingefallen.“

„Haha, für heute hab ich genug. Vielen Dank für die Blumen …“ Aber da ist er auch schon verschwunden.

Ein paar Wochen später drückt er mir am Muttertag verschmitzt ein Päckchen in die Hand: „Für dich statt Blumen, das habt ihr mir mal geschenkt, als ich ein kleiner Junge war. Ich hab's dann weiterverschenkt, weil ich es ja nicht mehr brauchte", grinst er. „Aber neulich hab ich's in einer Buchhandlung bestellt und gleich als Geschenk einpacken lassen. ‚Bestimmt in Kinderpapier?', hat die Kassiererin mich gefragt. ‚Nee, nee, das ist für meine Mam', hab ich schmunzelnd geantwortet. Aber jetzt pack's schon aus!", fordert er mich auf.

Als ich das Papier abstreife, muss ich laut lachen. „Klasse, Fabian, schöner als jedes andere Geschenk ... Jetzt bin ich gegen alle Wutattacken gewappnet."

„Anna und die Wut", ein Kinderbuch von Christine Nöstlinger hat er mir geschenkt. Darin geht es um ein Mädchen, das immer sehr wütend wird, bis sie vom Großvater eine Trommel geschenkt bekommt. Nun kann sie ihre Wut in die Trommel hauen und fortan wird sie immer weniger wütend.

„Ja, genau, das hab ich dir mal geschenkt, weil du dich auch immer vor Wut auf den Boden geworfen hast, besonders zu Stoßzeiten an Supermarktkassen oder wenn du nicht ins Bett wolltest. Du hast das Buch sehr gemocht und manchmal, wenn die Wut in dir hochkam, gesagt: ‚„Schnell, holt die Anna, ich werde wütend."'

Beim Blättern durch die Seiten schwelge ich in Erinnerungen.

„Siehst du, und als ich die kleine wütende Mama

kürzlich auf dem Balkon sah, da wusste ich: Du brauchst eine Anna gegen die Wut. Eine Trommel wäre dir sicher zu laut."

Also, das glaub ich jetzt nicht! Noch während ich diese Geschichte am Laptop schreibe, wird aus heiterem Himmel der Bildschirm schwarz. Ohne jegliche Warnung stürzt mir das Ding ab und lässt sich nicht mehr hochfahren. Und mein Text, die Arbeit von Stunden? Weg!

Ich brauch jetzt dringend einen Kaffee und die Anna, sonst passiert was …

Farben fürs Leben

Meine erste Begegnung mit Lilo? Da muss ich erst mal nachdenken. Am Anfang ist sie mir in unserer Redaktion gar nicht aufgefallen. Beim ersten Rundgang durch die Räume wurde sie mir kurz als Redaktionsassistentin vorgestellt, aber an diesem Tag waren jede Menge neuer Gesichter da. Jetzt, wo ich hier stehe und auf sie warte, glaube ich, dass ich Lilo erst viel später richtig wahrgenommen habe.

„Tut mir leid, dass ich dich warten lasse, Gina. Aber ich brauch noch ein paar Minuten beim Anziehen", ruft sie mir gerade von oben zu. „Heute ist doch ein wichtiger Tag, und da brauch ich deinen fachfraulichen Blick auf meine Klamotten …"

Bei dieser Bemerkung fällt mir auch meine erste Begegnung mit dieser patenten, aber sich immer ein wenig im Hintergrund haltenden Frau ein. Denn Lilo und Kleidung? In der Beziehung konnte sie weder mir noch sonst jemand ins Auge fallen. Sie trug eigentlich immer praktische Hemdkleider oder Hosenanzüge in Beige, Grau oder Braun. So wie sie sich im Team zurückhielt, fiel sie auch durch die Wahl ihrer Kleider nicht auf. Dezente Farben, dezent im Hintergrund. Im Mittelpunkt standen andere, selbstbewusster, lauter, nicht unbedingt kompetenter.

Ich hatte mir gerade den zweiten Milchkaffee für diesen Vormittag geholt und eilte in mein Büro, wo das Telefon klingelte. Da stieß ich im Korridor gegen sie und verschüttete Kaffee auf ihrem beigefarbenen Kleid. „Oh, das tut mir leid, wie unvorsichtig von mir! Hab ich Sie verbrannt?“, stieß ich verlegen hervor.

„Ist nicht so schlimm. Hat auch Vorteile, wenn man Milchkaffeebraun trägt“, schmunzelte sie. „Und keine Sorge, so heiß ist der Kaffee bei uns ja nicht.“

Nette Frau, dachte ich, und was die für tiefblaue Augen hat. In den folgenden Wochen begegneten wir uns immer wieder, gingen gemeinsam in die Mittagspause, verabredeten uns für eine kleine Runde im Park oder ein Sonnenplätzchen im Hof. Lilo, die etwa zehn Jahre ältere Kollegin, wurde mein Ruhepol im ansonsten wuseligen jungen Redaktionsteam. Jahre später wurde ich sogar ihre Trauzeugin. Und auch das hatte mit Farbe zu tun.

Wir standen gerade in der Fertigung einer Modedoppelseite. Kleidertipps, Make-up und Accessoires waren erstellt, es fehlte nur das Model fürs Augen-Make-up. Die wurde kurzfristig krank und unser Visagist Vincent war kurz vorm Durchdrehen, brauchte er doch ein Model mit blauen Augen.

„Das gibt's doch nicht!“ Er lief erregt durch die Redaktionsräume. „Gibt es denn hier kein Mädel mit blauen Augen? Dann bleibt mir ja die Modestrecke auf der Strecke …“

„Doch, gibt es, Vincent, Lilo hat blaue Augen", rief ich ihm zu.

„Wer und wo ist diese Lilo? Bring mich zu ihr, ich muss sehen, ob es sich lohnt", wies mich der unter Zeitdruck stehende Vincent an.

Lilo schien Vincents kritischer Prüfung standzuhalten und unsere Ausgabe war gerettet. Ja, so begegneten sich die beiden.

Dass Lilo und Vincent in der Folge ein Paar wurden, merkten wir auch an den Farben. Denn langsam verwandelte sich unser graues Mäuschen aus der Assistenz. Mal trug sie ein wunderschönes Tuch, mal Blusen in leuchtendem Blau oder Smaragdgrün. Lilo und ihr Vincent hatten füreinander nicht nur die Farben entdeckt, sondern die Liebe ihres Lebens gefunden.

Aber wo bleibt sie denn jetzt nur?, erwachte ich aus meinen Träumereien.

„Lilo, komm, es ist höchste Zeit – im wahrsten Sinne! Die warten schon alle!", rief ich ihr zu.

„Bin fertig! Na, wie seh ich aus?"

„Im wahrsten Sinne fantastisch", meinte ich geblendet, denn wie ein Paradiesvogel schritt Lilo die Treppe herab: Ein himmelblaues Kleid von einer smaragdgrünen Schärpe geziert, ein kanariengelbes Cape, rote Halskette und ein azurblauer Hut rundeten ihren großen Auftritt ab.

„Ich konnte mich einfach nicht entscheiden. Früher war ich ohne Farbe, aber all diese Farben hat Vincent mir geschenkt."

„Zieh sie nur an, sie bringen dich zum Leuchten und Leben. Das Geschenk eurer Liebe! Und jetzt auf zum Altar! Bin schon sehr gespannt, wie Vincent ausschaut."

Okay ist für mich perfekt

„Hey, Gina, übertreib's bloß nicht. Meine Spüle muss nur sauber sein, nicht perfekt", meint meine Freundin Gabi, als sie mich dabei ertappt, wie ich nach unserem gemeinsamen Mittagessen bei ihr die Spüle poliere.

„Lass mich nur machen, du hast dir doch auch so viel Mühe mit den Pfannkuchen gegeben."

„Quatsch, Pfannkuchen gibt es bei uns freitags oft, aber Spülepolieren lohnt sich heute nicht. Bestimmt macht sich Markus nachher einen Salat und dein ganzes Werk bleibt höchstens eine Stunde sichtbar. Besonders wenn Luis die Schale mit Erdbeeren entdeckt, die wir vorhin auf dem Markt gekauft haben, dann ist deine Arbeit in null Komma nichts futsch", grinst sie mich an. „Komm, lass uns lieber das gute Wetter ausnutzen und in die Stadt fahren. Du weißt ja, bei uns in Münster regnet's oder die Glocken läuten. Und gestern war keine Glocke zu hören", spielt sie auf den charmanten Satz an, mit dem sich die Münsteraner selbst auf die Schippe nehmen, wenn man sie nach den Wetteraussichten fragt.

„Du, Gabi, den Sommer in Münster hab ich mir viel verregneter vorgestellt. Gut, die kleine Dusche gestern hätte nicht mehr sein müssen. Aber ansonsten konnten wir doch viel draußen unternehmen. Das prima Wetter hab ich bestimmt aus München mitgebracht. Du weißt doch, wenn Engel reisen", scherze ich, während wir die Räder aus dem Schuppen holen.

Seit drei Tagen bin ich bei meiner Freundin in Westfalen zu Besuch und die schöne Zeit fliegt nur so dahin. So ist das, wenn man sich nur ein- oder zweimal im Jahr sieht, Unmengen zu erzählen hat und sich schon seit Ewigkeiten kennt.

Wenig später schlendern wir im Stadtzentrum durch den barocken Erbdrostenhof. Auf dem Vorplatz wurde für die alle zehn Jahre stattfindenden Skulptur-Projekte eine moderne Röhreninstallation aufgebaut. Sie soll mit der im Hinterhof aufgebauten Anlage kommunizieren. Zumindest verrät uns das ein Blick in die Beschreibung.

„Ja, schon interessant … die Idee dahinter." Meine Freundin klingt skeptisch. „Aber mir fehlt die Beziehung zwischen den beiden Installationen. Was meinst du, Gina?

„Hm, hinterlässt bei mir auch eher ein Achselzucken. Oder um es mit deinen Worten von heute Mittag zu sagen: weder okay noch perfekt. Dein Motto hat mir übrigens sehr gut gefallen, weißt du das? Man könnte sich damit einiges an Arbeit und Politur ersparen, die dann doch keiner sieht."

„Ja", meint Gabi, „das habe ich von Mutti übernommen. Unsere Nachbarin hat sich zu Hause fast zu Tode gewienert, um es dem Mann und der im Haus wohnenden Schwiegermutter nur ja recht zu machen, was ihr sowieso nie gelungen ist. Nie fand sie Zeit für ein Damenkränzchen oder auch nur einen Kaffee bei den Nachbarinnen. Ist doch schade, oder? Bei Mutti war auch alles ordentlich und sauber, aber mit zwei Kindern, dem Garten und verantwortlich für Papas Buchhaltung hätte sie ohne diese Abstriche an den perfekten Haushalt wohl nie Zeit für Besuch und uns Kinder gehabt. Ihren Leitsatz „Es muss so sauber sein, dass ich und meine Gäste sich wohlfühlen, aber ich muss es nicht übertreiben" habe ich mir für mich und meine Familie zu Herzen genommen. Wenn ich Zeit dazu habe oder wenn es wirklich nicht mehr meinen Maßstäben an Sauberkeit entspricht, dann ist auch mal Großputz angesagt, aber ansonsten muss man bei mir nicht vom Boden essen. Dafür haben wir ja einen Tisch."

„Noch ein guter Satz!", meine ich grinsend. „Und wie recht du hast. Man macht sich so oft Druck, alles besonders perfekt vorzubereiten, während auch schon ein bisschen weniger genügt. Es lässt sich bestimmt auch auf andere Projekte und Beziehungen übertragen", überlege ich weiter. „Wie viel Entspannung käme wohl in manches Projekt oder in manche Diskussion mit dem Partner oder dem Kind hinein, wenn man vom Gegenüber nur verlangen würde, dass es okay ist. Perfekt ist gar nicht nötig. Ich werde dir von meinen Erfahrungen damit berichten, meine Liebe."

Doch so lange muss ich auf die Erfahrungen gar nicht warten … Zurück in Gabis Haus stolpere ich auf dem Weg ins Bad über ein Kabel, das am Boden liegt. Luis, der Sohn, hat unsere Abwesenheit genutzt, um ein mindestens fünfzig Meter langes Kabel vom Wohnzimmer über zwei Stockwerke in sein Zimmer im Dachgeschoss zu verlegen. Mit der Begründung, sein WLAN sei nicht perfekt und viel zu langsam und er wolle es mit dem LAN-Kabel quer durchs Haus beschleunigen. Natürlich mault der Vierzehnjährige, als er das Ganze wieder abbauen soll, schließlich habe er einen Haufen Geld ins Kabel und Arbeit in den Aufbau gesteckt.

„Das war aber nicht mit mir abgesprochen: Und morgen kommen deine Großeltern, die fallen ja über den Kabelsalat “, schimpft meine Freundin.

„Nie darf man hier was. Da hat man gute Ideen und dann wird gemeckert, weil es nicht perfekt ist“, gibt Luis noch eins drauf und stapft die Treppe hinauf. Ich kann dem nach oben stürmenden, wutschnaubenden jungen Mann auf der Treppe nur knapp ausweichen.

Im Erdgeschoss begegne ich dem strengen Blick meiner Freundin und versuche ernst zu bleiben, während ich anmerke: „Aber sein Ansatz, mit einem Kabel das WLAN zu verlängern, ist doch perfekt …“

„Wenn du jetzt loslachst, ist das nicht okay“, schimpft Gabi.

„Nein, aber ich finde, Ideen hat er schon, der Junge. Und reingekniet hat er sich auch. So ein langes Kabel musst du erst mal heimschleppen und verlegen können“, versuche ich für Luis eine Bresche zu schlagen. „Und wenn ich noch mal auf deinen Satz von heute Mittag zurückkommen darf: Er ist okay – und das genügt doch.“

Ich lege den Arm um meine Freundin, dabei knufft sie mich in die Seite und antwortet: „Du meinst, er hat's wenigstens eingesehen. Und stell dir vor, er wäre perfekt – da müsste ich doch meinen Haushalt komplett umkrempeln! Wie heißt es immer so schön: Kinder geben einem so viel …“

Verarbeiten

Manchmal wird man unfreiwillig Zeuge von Gesprächen. So ging es mir neulich.

Entspannt sitze ich am Schreibtisch und korrigiere einen Text für die nächste Ausgabe des Jugendmagazins. Da öffnet sich die Tür vom Nachbarbüro und die Ressortleiterin schiebt unsere neue, verweint aussehende Bildredakteurin hinaus.

„Das tut mir ja auch leid mit Ihrem Vater, aber Sie müssen sich zusammenreißen. Sie sehen ja, Fehler, die Sie machen, fallen anschließend auf uns zurück und mein Ressort kann sie ausbaden. Ich erwarte einfach Professionalität von meinen Mitarbeitern! Wir haben alle unsere Krisen, aber Privates muss einfach außen vor bleiben. Ich schlage vor, Sie nehmen sich jetzt eine kleine Auszeit, sagen wir so zwei Wochen, und dann kommen Sie zurück, wir vergessen den Fehler und Sie fangen mit neuem Schwung an. Ich bin doch kein Unmensch – und bis dahin haben Sie den Verlust bestimmt verarbeitet."

Wohlwollend legt sie den Arm um die zerknirschte Kollegin, raunt noch ein „Ich lass mir ja nicht nachsagen, hartherzig zu sein" in meine Richtung und verschwindet wieder in ihrem Büro.

O wie schrecklich, die arme Kollegin! Ich hatte heute

Morgen schon gehört, dass sie unter dem Schock über den Unfalltod ihres Vaters die Fotos zum falschen Artikel eingebaut hat und daher zum Rapport zur Chefin musste. Wie gönnerhaft die ihr den Arm umgelegt hat … Sollte das etwa ein Trost sein? Zwei Wochen Auszeit und alles ist wieder wie vorher, als wäre nichts gewesen? Aber da *war* etwas! Die Welt hat sich gedreht, der Boden hat sich aufgetan. Kann man den Tod eines geliebten Menschen „verarbeiten"?

Ich erinnere mich, wie mich eine Kollegin vor einigen Jahren beim Tod meines Vaters trösten wollte. Sie meinte: „Du hast noch Glück gehabt, dass du ihn so lange haben durftest. Ich habe meinen Papa schon viel früher verloren. Ich konnte das lange nicht verarbeiten." Da war es wieder: das schreckliche Wort „verarbeiten".

Manchmal sagen wir etwas, das als Trost gemeint ist. Bestimmt wollte mich die Kollegin mit ihrem Vergleich nicht kränken. Ihr Vater war noch relativ jung, als er starb, während mein Vater ein hohes Alter erreichen durfte. Aber kann man in dem Zusammenhang von „Glück" reden? Ich fand den Begriff völlig daneben. Denn ich weiß noch, wie mich die Nachricht vom Tod meines Vaters völlig umgehauen hat – obwohl es sich abgezeichnet hatte. Immerhin konnte ich mich beim letzten Besuch von ihm verabschieden. Aber geht man wirklich wieder auf null zurück, nachdem man sich eine Auszeit genommen hat?

Für mich war es in der Situation ein Geschenk, dass

mich mein Mann einfach in den Arm genommen hat, ohne viel zu sagen. Ich durfte weinen und mich fallen lassen, musste mich nicht zusammenreißen. Ich brauchte keine „Auszeit“, sondern einfach Zeit.

Wenn Menschen gehen, hinterlassen sie eine Lücke, das spürt man bei jedem neuen Verlust. Die Welt dreht sich für alle anderen weiter, als ob nichts geschehen wäre. Aber für den Trauernden wird die Welt ein Stück leiser und stiller. Kann und muss man das „verarbeiten“? Ich glaube, die Zeit heilt nicht alle Wunden, das ist ein Trugschluss.

Ich werde nachher die Kollegin aus der Bildredaktion fragen, ob ich sie still umarmen darf. Das ist meine Art des Mitleidens.

Mein Therapeut und ich

„Der hat ja wohl einen an der Klatsche! Was der sich einbildet … soll sich doch einen Therapeuten suchen!", schimpft die junge Frau auf dem Fahrrad, während sie mit einer Bekannten an mir vorbeifährt. Da geht es wohl um einen schwierigen Menschen, der Hilfe braucht. Vielleicht funktioniert er auch nur nicht so, wie sich das die fremde Frau wünscht.

Wir sind uns auf einem meiner Lieblingswege am Isarkanal begegnet. Hier bin ich schon so oft gegangen, dass ich den Weg eigentlich in- und auswendig kennen müsste. Aber es gibt doch jedes Mal etwas Neues zu entdecken.

Die aufgeschnappten Sätze der Radlerinnen gehen mir nicht aus dem Kopf. Ja, das hat man dir auch schon vorgeworfen. Du bist eingebildet oder verrückt. Manchmal geschieht so eine Wertung ja auch aus der Wut heraus, weil der Partner anders als erwartet tickt oder von der gängigen Meinung abgerückt ist, also „verrückt" ist. Wie hatte die erboste Frau auf dem Radl geschimpft? Einen Therapeuten solle sich der schwierige Zeitgenosse suchen und sie in Ruhe lassen …

Ich muss schmunzeln, denn in diesem Moment geht an meiner Seite einer meiner Seelentherapeuten.

Unbezahlbar, weil nicht professionell. Ich drehe mich um: Ja, wo steckt er denn wieder? Da steht er, schlürft Wasser aus einer kleinen Pfütze und kommt langsam und hechelnd zu mir.

Darf ich vorstellen: Teddy, mein Therapeut auf vier Pfoten. Nomen est omen: Er sieht aus wie ein Teddybär, hat helles lockiges Fell, momentan mit eher schlammbraunen Füßen, und ein Gesicht, das immer zu lächeln scheint. Ein Mix aus Pudel, Hirtenhund und mehr. „Das ist leider nur mein Pflegehund", sage ich, wenn ich beim Gassigehen auf ihn angesprochen werde, und das passiert bei diesem Hund oft.

Wir haben uns zufällig gefunden, Teddy und ich: Während sein Herrchen arbeitete, lag er oft in der kleinen Parfümerie ums Eck, wurde verwöhnt und ging Gassi mit der Ladeninhaberin, hatte dort sein Körbchen oder lag auf einem zum Fell passenden cremefarbenen Teppich und begrüßte alle Kunden, als kämen sie nur seinetwegen in den Laden.

Teddy und ich, das war Liebe auf den ersten Blick. Menschen, die keine Hunde mögen, können das vielleicht nicht verstehen. Ich hatte richtig Herzklopfen, als ich bei seinem Herrchen zum ersten Rendezvous mit Teddy vorsprach. Und das Herrchen, ein sympathischer Italiener, nahm mich gründlich in Augenschein. Schließlich wollte er wissen, mit wem sein geliebter „Amore" auf vier Pfoten künftig unterwegs sein würde. Ich muss einen guten Eindruck hinterlassen haben, denn seit meiner „Bewerbung“ hatte ich viele Rendezvous mit Teddy.

Jedes Mal werde ich von meinem Schützling so überschwänglich begrüßt, als hätten wir uns ein Jahr lang nicht gesehen. Nur einmal ist mir in der ersten Zeit der Fehler unterlaufen, Teddy erst am späten Nachmittag abzuholen. Ganze fünf Minuten ging er mit mir den gewohnten Weg, hob zweimal sein Beinchen, dann drehte er sich um, sah mich gelangweilt an, kehrte um und trottete einfach nach Hause.

„Ja“, meinte sein Herrchen schmunzelnd, „jetzt ist Essenszeit. Komm, amico, andiamo mangiare … wir gehen essen.“

So ist Teddy. Ich nenne ihn meinen kleinen Therapeuten. Sogar in der Haarfarbe habe ich mich ihm im Laufe der Jahre angepasst. Gemeinsam bummeln wir dahin – auf den schönen Wegen am Isarhochufer, wo er neugierig schnüffelt und auch ich immer etwas Neues entdecke.

Teddy ist mittlerweile schon ein älterer Herr und braucht mit seinen vierzehn Jahren öfter mal eine kleine Ruhepause. Also bleibe auch ich stehen oder hocke mich irgendwo hin und warte, bis er wieder angetrottet kommt.

Wir sind beide langsamer geworden, haben beide um die Hüften herum leicht zugelegt. „Das ist das Fell“, meint sein Herrchen. „Wenn er beim Friseur war, ist er wieder schlanker.“ Die verschlankende Wirkung funktioniert bei mir leider nicht und scheint bei dem Vierbeiner ebenfalls schnell zu verfliegen.

Wir halten beide nichts von Diäten, schließlich bewegen wir uns ja regelmäßig. Dabei komme ich ins Gespräch mit anderen Leuten, Teddy in Kontakt mit anderen Hunden. Wer ihm nicht passt, den begrüßt er nur kurz oder ignoriert ihn ganz. Wild umherspringende Hündchen weist er als „älterer Herr“ in ihre Schranken. „Der hatte ja wohl einen an der Klatsche, so ein aufgedrehtes Kerlchen. Oder, was meinst du?“, frage ich meinen Pflegehund.

Manchmal humpelt Teddy, manchmal ich. Nach meiner Knieoperation hat er sich wochenlang meiner Gangart angepasst. Wenn es zu heiß ist, bevorzugen wir Schattenplätze oder die Eisdiele. Ab und an hole ich uns eine Wurstsemmel vorm Gassigehen. Leberkäs mag Teddy besonders, dann läuft er ganz dicht neben mir und das Wasser läuft ihm im Mund zusammen. Ein, zwei Bissen … Man darf auch mal sündigen.

Manchmal ertappe ich mich dabei, dass ich Teddy von meinen Sorgen oder Erlebnissen erzähle. Ich brauche keine Antwort, es beruhigt einfach, so vor sich hin zu reden. Habe ich also auch einen an der Klatsche?

Wenn ich traurig bin, dann schmiegt sich ein molliger Hunderücken eng an mich oder eine dicke Pfote legt sich vorsichtig auf meinen Schoß. Dann weiß ich, es geht weiter. Das wird schon wieder. Ich bin in guten Händen, Verzeihung, Pfoten.

Ein schwieriger Fall

Ab und an, eigentlich viel zu selten, besuche ich Sophia, eine ehemalige Kollegin, im Seniorenwohnheim. Sie ist vor ein paar Jahren dorthin gezogen. Ein Schritt, der ihr, wie vielen älteren Herrschaften, nicht leichtgefallen ist. Zuvor hat sie lange gerechnet, um dann aber einzusehen, dass sie sich im teuren München nur eine Unterbringung im Doppelzimmer leisten kann.

„Weißt du, Regina, ich hänge an dieser Stadt, ich wohne hier seit meiner Jugend. Ich denke, mit mir kann man ja auskommen. Aber am schwersten ist mir der Abschied von meinen Büchern gefallen", hat sie mir bei meinem ersten Besuch in ihrem neuen Domizil anvertraut. Darum bringe ich ihr heute Kuchen und ein paar meiner zuletzt gelesenen Bücher mit, über die wir uns dann austauschen.

Ein paar Jahre haben Sophia und ich in der Erwachsenenbildung gearbeitet. Deutsch und Französisch waren ihre Fächer. Ich habe viel von ihr lernen können.

Sie ist eine kluge und nette Dame, die so leicht nichts aus der Ruhe bringen kann. Zumindest war das bisher mein Eindruck. Heute allerdings höre ich schon im Flur ihre erhobene Stimme: „Was glauben Sie eigentlich, wer

Sie sind? Ihnen kann ich ja gar nichts recht machen! Meine Klamotten liegen Ihnen im Weg herum, ich bin mal zu laut, mal zu leise, kriege zu viel Besuch oder lese zu viel. Wenn ich singe, singe ich Ihnen zu schräg oder atme falsch. Es kann ja sein, dass Sie im früheren Leben eine höhere Tochter waren, aber hier teilen Sie sich ein Zimmer mit mir, weil Sie sich genau wie ich ein Einzelzimmer nicht leisten können. Also müssen wir beide sehen, dass wir miteinander auskommen."

Wutschnaubend öffnet Sophia ihre Zimmertür – gerade in dem Moment, als ich davorstehe.

„Oh, da bist du ja! Lass uns in den Park gehen, da ist die Luft besser", setzt sie noch eins drauf.

Wenig später sitzen wir bei einer Tasse Kaffee in der Sonne. Seit ein paar Tagen hat Sophia eine neue Mitbewohnerin, erfahre ich. Und mit eben dieser hat es gerade eine lautstarke Auseinandersetzung gegeben, die ich live mitbekommen habe.

„So habe ich dich ja noch nie erlebt, Sophia", sage ich verwundert. „Nicht von ungefähr haben wir dir in der Schule meistens die schwierigsten Fälle anvertraut."

„Ja, das hat sich die Leiterin dieses Hauses wohl auch gedacht, als sie mir dieses ‚Herzblatt' ans Herz gelegt hat", antwortet sie stirnrunzelnd.

Zwei Wochen nach meinem Besuch klingelt das Telefon. Sophia meldet sich: „Du musst unbedingt bald vorbeikommen und meine Hausaufgaben kontrollieren."

„Wie bitte?", frage ich zurück. „Ich hab dir doch gar keine gegeben."

„Doch, doch, du wirst schon sehen", ist ihr einziger Kommentar dazu.

Jetzt bin ich natürlich neugierig geworden. Einen Tag später tauche ich wieder im Seniorenheim auf. Sophia erwartet mich schon in der Eingangshalle. Sie grinst verschmitzt.

„Komm mit!", sagt sie und ich folge ihr.

„O wie schön, da spielt ja jemand Klavier", freue ich mich.

„Genau, und nicht irgendjemand, sondern eine alte Bekannte von uns", schmunzelt Sophia und öffnet die Tür zum Saal. Rund um die Person am Klavier haben sich ein paar ältere Damen mit Notenblättern versammelt. Auch ein älterer Herr schlurft gerade noch rechtzeitig zur Tür herein.

„Ich bin es nicht gewöhnt, dass man mich warten lässt, Herr Müller! Und Sie beide machen bitte die Tür zu", erklingt eine forsche Stimme vom Klavier her.

„Nun, am Ton müssen wir noch etwas arbeiten, aber ansonsten war das gerade unsere neue Gesangs- und Klavierlehrerin – und wie du ja weißt, meine Mitbewohnerin", flüstert Sophia und schließt leise die Tür.

„Wow, wie hast du das denn hingekriegt? Das ist doch sicher dein Werk, oder?", frage ich gespannt.

„Nun, ich habe eben meine Hausaufgaben gemacht.

Du hast mich beim letzten Gespräch darauf gebracht. Auch der schwierigste Zeitgenosse hat etwas, wo man ansetzen kann. Letzte Woche hat sich Frau Meinard wieder mal über meine schrägen Töne beim Singen aufgeregt. Da hab ich ihr gesagt: ‚Wenn es Sie stört, dann bringen Sie mir doch die richtigen Töne bei. Als höhere Tochter haben Sie doch bestimmt Klavier und Gesang studiert.‘

Und damit hatte ich sie! Es ist ja nie zu spät, noch etwas dazuzulernen, nicht wahr, Regina? Und ganz nebenbei … Während sie jetzt auch anderen Unterricht erteilt, kann ich in unserem Zimmer in aller Ruhe schmökern und es mir gemütlich machen – vorausgesetzt, sie ist mit meinen Notenkenntnissen zufrieden.“

Wir können uns beide ein Schmunzeln nicht verkneifen.

Das ist typisch Sophia. Sie bringt mich immer wieder zum Staunen.

Wunsch für die Schultüte

Wie nett, jetzt sind sie wieder unterwegs: die Abc-Schützen mit ihren schönen bunten Schultüten. Ich bin auf dem Weg zur Arbeit und schaue auf die Kinder, die an der Hand von Mama oder Papa, vom Schulweghelfer begleitet, über den Zebrastreifen gehen.

Auch mein Nachbarskind ist eingeschult worden und zeigt mir am Nachmittag stolz die liebevoll von den Eltern gebastelte große Schultüte samt Inhalt.

„Was war denn in deiner Schultüte?“, fragt sie mich schließlich neugierig.

„Das weiß doch Gina jetzt nicht mehr. Frag lieber Fabian, der kann sich bestimmt noch erinnern“, will mir ihre Mama unter die Arme greifen, aber ich wehre ab.

„Nein, lass mal! Das ist zwar bald fünfzig Jahre her, aber ich weiß noch, was drin war: ein Mäppchen natürlich, bestimmt Süßigkeiten für die Naschkatze und Stoffturnschuhe für den Schulsport.“

„Hab ich auch bekommen“, sagt die Kleine und holt ein Paar Glitzerturnschuhe vom Geschenketisch. „Schau mal, die hat Omi mir geschenkt.“

„Boah, die sind ja wirklich schön! Und wie praktisch,

mit Klettverschluss. Den hätte ich damals für den Schulsport gut gebrauchen können."

„Dann lass dir doch welche von Uli oder Fabian schenken", meint die Kleine keck.

Genau, denke ich am Abend beim Tischdecken, das hätte mir das erste Schuljahr sehr erleichtert, wenn es damals schon Schuhe mit Klettverschlüssen gegeben hätte. Meine erste Lehrerin war Frau Grün, die Lehrerin in unserer Dorfschule. Ich bin nur ein Jahr dort gewesen, danach wechselte ich zur Grundschule im nächstgelegenen Städtchen. Ich sehe ihre cremefarbenen Kostüme, ihr blasses Gesicht mit schwarzer Brille, ihre schmalen Lippen, ihr streng toupiertes Haar vor mir.

Auf einmal ist er wieder da, der Geruch von Angstschweiß. Dabei war Frau Grün in Muttis Alter, hatte selbst kleine Kinder. War es der strenge Blick dieser stets auf Disziplin und Ordnung bedachten Lehrerin, die sie für mich so alt erscheinen ließ? Ich weiß es nicht mehr. Aber was ich nie vergessen werde, das sind ihre braunen Schuhe.

In unserem kleinen hessischen Dorf gab es damals keinen Kindergarten, deshalb hatte ich mich sehr auf die Schule und neue Spielkameraden gefreut. Aber ich war auch verträumt und verspielt. Schon in den ersten Schulwochen stand ich „in der Ecke", weil ich auf dem Schulweg einem Schmetterling gefolgt war und zu spät kam. Ein wenig stolz war ich, dass ich schon ein wenig lesen und schreiben konnte. Nur hinter das

Geheimnis des Schuhebindens war ich noch nicht gekommen.

„Das lernst du schon noch“, beschwichtigten mich meine Eltern. „Irgendwann hast du den Knoten raus.“ Nur wann? Ach, wenn es doch damals schon Klettverschlüsse gegeben hätte!

Freitags machte Frau Grün immer „Kontrolle“ in der Schulklasse. Sie wollte sehen: ein sauberes Taschentuch, saubere Hände, Fingernägel, Kleidung … Und ausgerechnet bei einer dieser Kontrollen sah sie mein loses Schuhband.

„Bind deine Schuhe!“, herrschte sie mich an. Puterrot musste ich eingestehen, dass ich das noch nicht konnte. „Ach, schon lesen, aber keine Schuhe binden können! Üb es gefälligst, nächsten Freitag will ich es sehen!“, war ihr Kommentar, bevor sie uns ins Wochenende entließ.

In den nächsten Tagen übte ich bei allen Gelegenheiten. Ich wusste, mir fehlte nur noch ein kleiner Kniff, wie man die Schnürsenkel übereinanderlegt, um den Knoten zu bilden. Am Donnerstagabend lag ich noch lange wach und bin dann irgendwann aufgestanden, um ein letztes Mal zu üben. Ich weiß nicht, beim wievielten Versuch ich es endlich raushatte und die ordentlich von mir ausgelegten Bänder nicht mehr beim Zusammenziehen auseinanderfielen. Geschafft! Ich war überglücklich und wartete fast ungeduldig auf die Kontrollstunde.

„Frau Grün, ich kann es jetzt, ich hab ganz viel geübt!“, platzte es aus mir heraus. Sie stand vor meinem Stuhl, ihr schmaler Mund schien noch schmaler, und sah mir zu. Kein Lob kam über ihre Lippen, als es mir mit meinen schweißnassen Händen endlich gelang, meine Schuhe festzuzurren.

„Na, die eigenen Schuhe zu binden, ist ja auch keine Kunst“, meinte sie mürrisch und ging zum Pult. Vor der ganzen Klasse musste ich nach vorne kommen. Sie löste die Schuhbänder ihrer braunen Schuhe und ich kniete vor ihr… Ich vergesse sie nie: Frau Grün, meine erste Lehrerin und ihre braunen Schnürschuhe.

Worum ich jedes Kind heute beneide? Dass es Schuhe mit Klettverschlüssen gibt! Was ich jedem Kind, auch und gerade in unserer digitalisierten Welt, für die Schultüte wünsche: Lehrerinnen und Lehrer mit Gefühl, Humor und Verständnis für die ihnen anvertrauten Schützlinge. Und den Kindern das Gefühl, zwar klein, aber aufgehoben zu sein.

Das Stückchen Glück

Immer diese Experten! Im Vorbeigehen lese ich: Eine Banane enthält genauso viele Endorphine wie eine Rippe Schokolade. Statistisch gesehen mag das stimmen, aber wer behauptet, dass eine Banane genauso glücklich macht wie Schokolade, der hat doch keine Ahnung vom Glück. Alles nur Statistik.

Ich mag Bananen, sie sind ein gesunder Pausensnack. Aber das ist doch nichts gegen das Gefühl im Mund, wenn ich Schokolade esse. Es gibt Dinge, die braucht man einfach, obwohl man weiß, dass sie ungesund sind. Schokolade gehört auf jeden Fall dazu …

Natürlich – die Schokoladenrippen hinterlassen Spuren. Auf meinen Rippen, aber nicht nur dort. Ein Fleckchen hier, ein Fleckchen dort. Leider auch auf dem neuen Sessel. Oh, da hab ich wohl gestern beim Lesen nicht aufgepasst. Es sind ja immer die neuen Klamotten und die empfindlichen Stoffe, die mein Laster nicht mögen.

Wie oft bin ich schon mit mir selbst ins Gericht gegangen. Das schlechte Gewissen meldet sich: Reiß dich doch mal zusammen, so viel kannst du dich gar nicht bewegen, um das Naschen wieder ungeschehen zu machen! Also, weg mit der Schokolade? Aber dann werde ich von Leuten angesprochen: „Geht's dir nicht gut? Hast du abgenommen?"

Hey, ich brauch einfach meine Schokostückchen. Ohne die werde ich nervös und unleidlich. Auch bei schwierigen Aufgaben oder beim Formulieren von Texten brauche ich den kleinen Kick zwischendurch. Entschuldigung, nur ein kleines Stückchen.

In der Schule habe ich versucht, mich der Ernährung meiner damals besten Freundin anzupassen. Die konnte Obst und Gemüse inhalieren, aß total gesund und war infolgedessen gertenschlank. Man stelle sich das vor: Sie *mochte* keine Schokolade. Ihre Osterhasen und Nikoläuse habe ich mir mit ihrer kleinen Schwester geteilt. Als mein Sohn klein war, hat ihm meine Schwiegermutter immer Kinderschokolade geschenkt. Er mochte sie nicht, ich hab sie heimlich gefuttert. Bin ich ein lasterhafter Mensch?

Oft hab ich mit mir geschimpft, Schokolade vor mir selbst versteckt. Aber im Gegensatz zu den Schlüsseln, die ich verlege oder verliere, finde ich meine Schokoladenverstecke alle. „Reiß dich zusammen, Gina. Nimm dir ein Beispiel an anderen!"

Allerdings muss ich sagen: Menschen, die ein gefüllter Pralinenteller kaltlässt, sind für mich zwar Mustermenschen, aber kein Maßstab. Ich brauche Gleichgesinnte und finde sie auch: Da ist die Nachbarstochter, die gelangweilt an der Kasse wartet, bis ihre Mutter die Einkäufe eingeräumt hat. Erst als ich hinter ihnen mehrere Tafeln Schokolade aufs Band lege (ein

Vorrat für Gäste. Was denken Sie?), schaut sie interessiert auf.

Nach dem Bezahlen stecke ich der Kleinen eine Tafel zu. „Aber erst nach dem Essen", sage ich mit einem Augenzwinkern.

„Juchhu", ruft sie aus und freut sich riesig, während ihre Mama meint: „Du musst ihr nicht immer was schenken." Muss ich auch nicht, aber ich kann. Und dann sehe ich es wieder, dieses glückliche Leuchten in den Kinderaugen. Das schafft doch keine Banane.

Einen netten Kommentar zum Thema „Schokolade als Stückchen vom Glück" hörte ich neulich in der Stadt. Ich hatte mir gerade ein Tütchen meiner Lieblingspralinen in München geholt. Mist, U-Bahn nur knapp verpasst. Da genehmige ich mir doch gleich eine. Ich krame meine kleine Tüte aus der Handtasche, stecke mir genussvoll eine Praline in den Mund.

„Oh, wir teilen ja wohl die gleiche Leidenschaft", sagt da eine ältere Dame neben mir und zeigt verschmitzt auf eine Tasche mit ihren erstandenen Schätzen.

„Mmpf, entschuldigen Sie bitte", murmele ich mit vollem Mund, „konnte jetzt nicht mehr widerstehen. Ich hatte das Gefühl, ein Stück Schokolade für mein Seelenheil zu brauchen."

„Ist doch in Ordnung, ich habe auch gerade meine Vorräte aufgefüllt", sagt sie und klopft auf ihre Tragetasche.

Da wir die gleiche U-Bahn nehmen, plaudern wir ein wenig über unsere Gemeinsamkeiten. Auch meine

Gesprächspartnerin hat probiert, ihre Vorliebe für Schokolade durch gesündere Kost zu ersetzen, und sich oft selbst als unvernünftig getadelt.

„Aber dann“, erklärt die nette Dame ganz laut, „hab ich mir gesagt: Schluss mit diesem ‚Ich darf das nicht‘ und dieser Kasteiung. Schauen Sie mal, jetzt bin ich mit meiner kleinen Schwäche schon so alt geworden. Das Leben sollte doch keine Reise sein, bei der man am Ende zwar mit attraktivem Körper, aber ohne die kleinen Freuden des Lebens genossen zu haben, ins Grab steigt. Und so habe ich mich mit mir versöhnt.“

„Wenn ich mich einmischen darf … ein kluger Satz!“, stimmt eine andere Mitfahrerin zu. „Sie haben ganz recht, mich macht Schokolade auch einfach glücklich.“

Was kann es Schöneres geben, denke ich bei ihren Worten, als sich auch mit kleinen Rundungen auf den Hüften zu mögen und sich selbst mit Humor zu begegnen? Wer verschenkt schon Bananen zum Glücklichsein? Ich lasse meine Schokoladenliebhaberinnen gerne in mein Tütchen greifen. Und während ich mir selbst noch ein Stückchen Glück in den Mund schiebe, schwebe ich noch höher in den Schokohimmel …

Die Sprache der Blumen

„Na, wenn man schon Rosenkranz heißt, muss man seiner Frau bei so einer Gelegenheit doch Rosen schenken“, zieht Peter, ein Mitreisender, meinen Mann auf, als ihm von einem Rosenverkäufer ein dicker Strauß bunter Rosen unter die Nase gehalten wird. Es ist der letzte Abend unserer Sizilienrundreise und wir sitzen in fröhlicher Runde am Tisch: mein Mann und ich, Peter und seine Frau sowie der Reiseleiter Werner mit seiner Partnerin.

„Das sagt der Richtige“, spottet Paula, Peters Frau. „Ich erinnere mich nur zu gut an deine letzten Blumen.“

„Hey, fang bloß nicht mit dieser Geschichte an“, grummelt Peter vor sich hin.

„Moment mal, wenn ich jetzt schon keine Rosen bekommen habe, bin ich aber doch neugierig, welche Blumensprache dein Mann spricht, Paula“, frage ich amüsiert.

„Weißt du, Regina, mein Mann ist ja sehr sprachbegabt, aber die Sprache der Blumen gehört definitiv nicht dazu.

„Ach, Paula, die ollen Geschichten, das liegt doch alles schon so lange zurück! Ich habe Paula mal Chrysanthemen geschenkt, weil sie im Oktober Geburtstag hat. Darauf spielt sie an“, klärt Peter uns auf. „Vor unserem Haus stehen im Herbst immer ganz viele dieser Pflanzen, bunt gemischt in Töpfen. Chrysanthemen, das habe ich inzwischen gelernt, sind draußen okay. Aber als Blumenstrauß – nur bei Beerdigungen. Im Jahr darauf hab ich ihr einen Gutschein fürs Blumenhaus geschenkt. Ich sag euch, Männer: Gutschein … ganz falsch! Seitdem lass ich das mit den Blumen meine Töchter machen."

„Ja, ja, wir von der Venus und ihr vom Mars. Ich dachte ja, das geht nur Männern so, aber ich bin selbst mal in die Blumenfalle gestolpert", meint Eva, die Frau unseres Reiseleiters nachdenklich.

„Schatz, ich korrigiere dich ungern, aber das war ein Maulwurfshügel", lacht Werner, ihr Mann.

„Die Geschichte wollen wir jetzt aber auch hören", meldet sich Peter, froh, dass er nicht mehr unter Beschuss steht. Wir rücken noch dichter mit den Köpfen zusammen, um Evas Geschichte mitzubekommen.

„Nun, wie alle Frauen mag ich Blumen, besonders Rosen. Aber ich will auch ein wenig umgarnt werden. Ich habe nämlich im Winter Geburtstag und Werner schenkt mir total gerne Blumen. Aber ich denk dann immer: Ach, so viel Geld für einen schönen Blumenstrauß … Wenn die jetzt nicht lange halten oder beim Transport erfrieren oder… Versteht ihr, was ich meine?" Eva schaut nach Bestätigung suchend in die Runde.

„Eva und ihre Bedenken", ergänzt Werner. „Immer kurz vor ihrem Geburtstag druckst sie herum, dass sie ja schon Blumen mag, besonders Rosen, die aber um diese Jahreszeit alle so teuer seien … oder aus dem Gewächshaus kämen … oder auf dem Transportweg erfrieren könnten."

„Ja, und wie geht es weiter?", fragen Paula und ich wie aus einem Munde.

„Na, ja, ich hab sie einfach gebeten, mir zu sagen, was sie will. Blumen oder nicht … Rosen oder nicht … kein Rumdrucksen, sondern Klartext reden. Sagen, was sie meint und mich nicht zwischen den Zeilen lesen lassen."

„Und das hat funktioniert?", fragt mein Mann dazwischen – für mein Gefühl etwas zu frohlockend, wofür er auch gleich meinen Ellbogen in die Seite bekommt.

„Na ja, ich glaube, ich habe Werner falsch eingeschätzt. Und das, obwohl ich schon so lange mit ihm zusammen bin. Dem ist das einfach zu viel geworden. Der wollte nicht mit mir diskutieren, der wollte eine klare Ansage. Dass er ernst macht, ist mir aber erst klar geworden, als er ohne Blumen vor mir stand. Da hab ich schon schlucken müssen", sagt Eva.

An unserem Tisch ist es mittlerweile still geworden. Wir warten nicht nur auf einen guten Ausgang von Evas Geschichte, sondern fühlen uns auch ein wenig an die eigene Nase gepackt.

„Aber das geschah mir recht", fährt Eva selbstkritisch fort. „Ich habe meinen Mann zu sehr gereizt mit meinem Hin-und-her-Getue und dass ich mich nicht festlegen wollte. Es ging auch gar nicht mehr nur um Blumen, sondern ums Prinzip, ob wir Dinge und Geschenke annehmen können, wie sie kommen."

„Und der Maulwurf?", fragt Paula fröhlich in die angespannte Stille hinein.

„Ja, genau, der kommt noch. Erst mal war ich ganz schön angespannt an meinem Geburtstag. Werner hat die fehlenden Blumen mit keinem Wort kommentiert. Und ich? Ich hätte mir wahrscheinlich lieber die Zunge abgebissen, als dazu etwas zu sagen. Erst abends, als wir noch einen Spaziergang machten, habe ich meinen ganzen Frust an den Maulwurfshügeln ausgelassen, die sich auf dem Weg befanden, und bin mit voller Wucht hineingetreten. Aber noch bevor ich über die Maulwürfe schimpfen konnte, hat Werner mich in den Arm genommen und ganz ruhig gesagt: ‚Weißt du, dass Maulwürfe im Gegensatz zu Rosen in der Poesie total unterbewertet werden?' Ich muss ihn ziemlich komisch angeschaut haben, doch er redete weiter: ‚Dabei müssen diese Tierchen Hügel auf ihrem Weg aufwerfen, während du ja den Weg außen herum wählen könntest. Aber das erscheint dir in deiner momentanen Verfassung nicht angemessen. Weißt du, was Reinhold Messner in seinem Museum in Bozen geschrieben hat? ‚Der Mensch stolpert nicht über Berge, sondern über Maulwurfshügel.' Als mich Werner dabei auch noch so breit angrinste, hab ich lachen müssen. Ganz schön dumm von mir, mich so über Kleinigkeiten aufzuregen. Ich will lernen, ein Geschenk so anzunehmen, wie es ist, ohne gleich nachzubessern oder schon im Vorfeld zu steuern. Natürlich komme ich immer wieder mal ins Stolpern … aber nicht wegen so kleiner Sachen“, beendet Eva ihre Geschichte.

„Wozu so ein kleiner Haufen doch gut sein kann. Da sparst du dir die großen Gesten“, rutscht es aus Peters Mund heraus.

„Glaub bloß nicht, dass du so billig davonkommst, Liebling“, warnt ihn seine Frau Paula lächelnd.

„Sag, Werner, wann steht eigentlich die nächste Bozenfahrt mit dir als Reiseführer an?“, frage ich. „Das fällt ja schon fast unter Bildungsreise. Und vielleicht gibt es einen Frühbucherrabatt?“

Ich flitz schon mal voraus …

Ich habe immer von mir behauptet, ein kommunikativer Mensch zu sein. Aber auf diese Begegnung war ich nicht vorbereitet. Wie auch?

Wir treffen an der Tür des Krankenhauses zusammen. Ich nach einer Routineuntersuchung, glücklich, wieder Richtung Ausgang streben zu können, er auf dem Weg nach drinnen. Ein rascher Blick und ich denke: Mensch, den da im Rollstuhl, den kenne ich doch … Aber woher?

Während ich noch versuche, mein Gedächtnis zu sortieren, ergreift er schon die Initiative und sagt: „Hallo, Regina, das ist ja ein Zufall. Erinnerst du dich noch an mich?"

Und was sage ich Dussel zu einem Menschen im Rollstuhl? „Tut mir leid, ich denke auch, wir kennen uns wohl von früher, aber helfen Sie mir auf die Sprünge."

„Na ja", sagt er schmunzelnd und dreht sich einmal mit dem Rollstuhl vor mir im Kreis, „das mit dem Auf-die-Sprünge-Helfen könnte etwas schwierig werden, den Turbo hab ich nicht mehr so drauf. Und ein kleines Klassentreffen stellt man sich eben auch woanders vor."

„Mensch, du bist's, der Kai aus meiner Klasse, natürlich! Ich freue mich, dich zu sehen. Aber was ist mit dir?

Hoffentlich nichts Schlimmes", sage ich, während mein Blick auf seine Beine fällt. (Den Satz hättest du dir auch verkneifen können, Gina, schimpfe ich innerlich mit mir.)

„Ach, die Prognosen stehen gar nicht so schlecht. Aber wenn du Lust hast, können wir uns ja mal auf einen Kaffee treffen. Ich bin öfter hier." Er holt einen Notizzettel hervor und kritzelt Zahlen darauf. „Hier ist meine Handynummer. Aber jetzt muss ich weiter, die Onko wartet nicht gerne." Winkt und saust mit seinem Rollstuhl den Gang hinunter, noch bevor ich mich richtig von ihm verabschieden kann.

Kai, der Wirbelwind aus meiner Klasse, der nie still sitzen konnte, für jeden Blödsinn zu haben, ein Ass im Sport, jetzt im Rollstuhl! Kai, immer noch wortgewaltig und schlagfertig – das hat er gerade wieder bewiesen –, auf dem Weg in die Onkologie ... Den ganzen Tag gehen mir die Bilder von ihm nicht aus dem Kopf.

Gleich am Abend rufe ich ihn an. Wir verabreden uns für die kommende Woche in einem Café, das wir noch aus unserer Schulzeit kennen, ganz in der Nähe des Krankenhauses. Hier scheint die Zeit stehen geblieben zu sein. Die Pächter haben zwar gewechselt, aber es gibt noch immer blaue Plüschsofas, auf denen wir uns so gerne in den Freistunden gelümmelt haben. Schade, dass wir unsre Zeit nicht zurückdrehen können. Komisch, aus heutiger Sicht erscheint mir dieses kleine Café wie ein beschützender Ort. Hier erfahre ich von seiner

Erkrankung, Lymphdrüsenkrebs mit „offener" Prognose.

„Schaun wir mal, wer stärker von uns beiden ist, der Krebs oder ich", meint er schmunzelnd. Dann erzählt er von seinem Job als Kommunikationsberater. Was für ein passender Beruf für ihn! Ich erinnere mich an Kai als blitzgescheiten, kommunikativen Menschen und als guten Zuhörer und Vermittler.

„Kai, wie schade, dass wir uns nicht schon früher über den Weg gelaufen sind. Du hättest mich bestimmt aus mancher Gesprächsfalle retten können", kommentiere ich seine Berufswahl.

In unregelmäßigen Abständen treffen wir uns von nun an in diesem Café – mal länger, mal kürzer, entweder wir beide allein oder zu viert mit meinem Mann und seiner Frau. Wir sind wieder ganz vertraut, reden wie in alten Schulzeiten über alles Mögliche, schimpfen und lachen gemeinsam, blödeln herum und werden auch wieder ganz ernsthaft. Er will nicht, dass ich im Café für ihn bete („Da fühl ich mich, als wär schon alles vorbei!"), aber ihm gefällt der Gedanke, dass ich ihn und seine Lieben daheim in meine Gebete einschließe.

So geht das eine ganze Weile. An manchen Tagen hat Kai Zuversicht wie nie und verblüfft uns alle. Andere Male sitzt er abwesend und traurig in seinem Rollstuhl und spricht nur wenig. Manchmal will er auch gar nicht kommen, dann igelt er sich zu Hause ein und lässt keinen an sich heran. Irgendwann jedoch übernimmt der Krebs die Gewalt über diesen lieben Menschen. Er kommt ins Liegen. Fortan finden unsere Treffen im Krankenhaus statt.

Wieder zwei Monate später stehe ich mit einer Blume in der Hand vor Kais letztem Zuhause. Er ist ins Hospiz verlegt worden und will mich noch mal sehen. Ich öffne zaghaft die Tür und suche nach Worten. Was sagt man einem Sterbenden? „Wie geht's?" Das war ja schon bei unserer ersten zufälligen Begegnung unpassend …

Ich umarme ihn und seine Frau. Und wieder ist es Kai, der den richtigen Ton findet. Während ich traurig vor mich hin starre und um Worte ringe, sagt er mit leiser Stimme: „Ja, das hatten wir uns anders vorgestellt. Aber trotz allem, ich hab auch viel Glück gehabt. Gute Freunde, 'ne coole Familie. Neben mir sitzt die Frau meines Lebens. Ich hab so viele Geschenke bekommen. Schade, dass ich die gar nicht mehr auspacken kann." Als wir beide bei diesen Worten aufschluchzen, sagt er streng: „Heult mir bloß nicht los, ihr zwei, sonst heul ich mit. Ich flitze einfach schon mal voraus auf die andere Seite und bin neugierig auf den, der das alles eingepackt hat."

Ist das Kais Interpretation von „Der Herr ist mein Hirte, mir wird nichts mangeln"?

Ich bin froh, ihm wieder begegnet zu sein, und traurig, dass uns nicht mehr Zeit geblieben ist. Beim Abschied kommt es mir so vor, als hätte er für jeden von uns ein Geschenk zurückgelassen.

Wie schön

„Mensch, ich steh mir hier die Beine in den Bauch und du musst dich auch noch zurechtmachen?"

Ich kann die Wut des Mannes neben mir am U-Bahnsteig regelrecht riechen und denke mir: Na, bei dem möchte ich aber nicht zu spät kommen! Seine Partnerin läuft ihm freudig lächelnd entgegen und er watscht sie so richtig ab. Dabei hat sie sich richtig hübsch gemacht, „aufgebrezelt" – wie man bei uns in Bayern sagt.

Schade, dass der Mann das gar nicht sieht, sondern nur auf die Uhr schaut und sich zu fragen scheint, ob er den sich selbst gesetzten stringenten Zeitplan auch einhalten kann. Wohin sind die beiden wohl unterwegs? Vielleicht ins Konzert, in die Oper oder ins Theater?

Super, da fährt ja die U-Bahn ein, heute mal ganz pünktlich. Der Mann hätte sich also gar nicht so aufregen müssen. Aber wahrscheinlich ging es vorhin nur ums Prinzip. Ich ergattere einen Platz am Fenster. Prima, wo ich so zeitig bin, kann ich schon die Theaterkarten abholen. Freitagabends kommt mein Mann meistens nicht so pünktlich aus der Firma.

Das Paar hat in der Sitzgruppe zwei Reihen vor mir Platz genommen. Aber ich kann sie von hier aus sehen.

Während sie ein wenig verlegen an ihrem hübschen Kleid entlangstreicht, knöpft er sich sofort eine auf dem Sitzplatz liegende Zeitung vor, um lautstark auf „Leute" zu schimpfen, „die alles in der U-Bahn liegen lassen". Da es sich bei der Zeitung jedoch um eine aktuelle Ausgabe zu handeln scheint, verschwindet sein Kopf dahinter. Er wirkt noch immer angespannt und verstimmt, obwohl seine Partnerin doch rechtzeitig erschienen ist und nun neben ihm sitzt.

Wie unhöflich, denke ich, sich hinter der Zeitung zu vergraben. Dann braucht man sich ja nicht an der U-Bahn zu verabreden, wenn man doch nicht miteinander spricht.

Zwei Stationen später setzen sich zwei junge Frauen auf die Sitzbank mir gegenüber. Aus deren Unterhaltung, die ich in Bruchteilen mitbekomme, schließe ich, dass es sich um Kolleginnen handelt, die gerade über eine Dritte lästern.

„Ich kann die nicht ausstehen", kommentiert die eine. „Ja, und hast du gesehen, wie die heute wieder rumlief? Solche Röcke kann man doch in dem Alter nicht mehr tragen", verkündet die andere lautstark, während ich ganz instinktiv – genau wie die Dame eben – an meinem Rock zupfe. Ich fühle mich gar nicht wohl dabei, eine solche Unterhaltung mithören zu müssen. Leider habe ich meine Kopfhörer nicht dabei, sonst könnte ich das Geläster ja mit ein wenig klassischer Musik ausblenden.

Doch schon wenig später nimmt ein älteres Paar mit ihren beiden Hunden meine Aufmerksamkeit in

Anspruch. Während sich das Pärchen ein wenig ächzend auf die Sitzbank neben mir fallen lässt, tun die Hunde, ein schwarzer und ein weißer Mops, es ihm gleich und legen sich schnaufend auf den Boden nieder. Durch ihre kleinen engen Nasenlöcher keuchen sie um die Wette und schauen mit hängenden Mundwinkeln und griesgrämigem Blick den Korridor entlang.

Ich muss unweigerlich an den Spruch „Wie der Herr, so's Gescherr" denken. Wie gut diese mürrischen Hundegesichter doch zu Herrchen und Frauchen passen. Und wie gut sie ihre Kommentare unterstreichen, deren Zeugin ich auch hier wieder werde: „Ich hab doch keine Lust, noch mal an diesen gottverlassenen Ort zu fahren, wo sich Fuchs und Hase Gute Nacht sagen." – „Dann pass auf, was die wieder für ein Gesicht macht, wenn du ihr das sagst", kommentiert ihr Begleiter.

Oje, denke ich beim Blick auf all die lästernden, mürrisch gestimmten Menschen samt Hunden um mich herum, hat die der Herrgott wirklich verlassen? Freitagabend, inmitten der Großstadt. Menschen unterwegs zu Verabredungen und Veranstaltungen … und alle reden nur Negatives? Das kann doch nicht sein.

Endlich bin ich am Odeonsplatz und darf aussteigen. Nur widerwillig macht mir der eine Hund, der im Mittelgang liegt, Platz. Dabei schaut er mich an, als wollte er sagen: „Muss das jetzt sein?"

Tut mir leid, dich zu stören, kleiner Hund, denke ich, aber ja, und wie das sein muss! Nur hinaus aus dieser schlechten Luft und Stimmung … hinein ins Vergnügen und ins Wochenende!

Wenig später stehe ich mit den Karten in der Hand auf der Treppe des Theaters und winke meinem Mann zu, der über den Vorplatz zum Theatereingang kommt. Auch der ältere Herr neben mir tut es mir gleich und winkt, auf seinen Gehstock gestützt, einer uns entgegenkommenden Frau zu. Ich rücke für die betagte, füllige Dame ein wenig zur Seite, während sie mit großer Mühe die wenigen Treppenstufen hochsteigt.

„Oh, entschuldige“, höre ich sie schwer atmend sagen, „ich war schon mal schneller auf den Beinen, aber das ist eine Weile her. Zugelegt hab ich wohl auch wieder etwas. Ich passe gar nicht mehr in mein Theaterkleid. Nimmst du mich auch in Rock und Pullover mit?“

„Aber natürlich, mein Engel, das steht dir doch entzückend“, entgegnet er lächelnd. „Wie schön du wieder bist! Aber du weißt ja, für mich bist und bleibst du die Schönste und Liebste.“

„Ach, komm her, du alter Charmeur!“ Und mit einem „Ist er nicht ein Goldschatz?“ in meine Richtung hakt sie sich bei ihm wie eine Prinzessin unter. Die beiden verschwinden im Foyer.

Ich bin noch ganz entrückt vom soeben miterlebten Märchentraum, als mir mein „Goldjunge“ mit einem „Sorry, ich musste noch was fertigstellen“ gegenübersteht.

„Macht nichts“, erwidere ich lächelnd, „mir ist vor dem Theater gerade das Aschenputtel entgegengelaufen.“

„Nur hinein, du Märchentante", meint er kopfschüttelnd und schiebt mich durch die Glastür. Freitagabend in der Großstadt – wie schön die auf einmal ist. Manchmal braucht man nur Zeuge eines Kompliments zu sein, um selbst ein wunderbares Geschenk in Händen zu halten.

puzzle

„Hilfe, wie soll ich das denn alles schaffen? Als hätte ich nicht schon genug an der Backe“, stöhne ich, als mir der Chefredakteur der Tageszeitung, bei der ich mir während des Studiums ein Zubrot verdiene, einen weiteren Abendtermin aufs Auge drückt.

„Hey, meine liebe Regina, nicht gleich so abwehrend“, meint mein Chef, der mein Stirnrunzeln schon mitbekommen hat. „Sieh das mal eher als Belohnung für gute freie Mitarbeiter. Dein Kollege Dietmar und ich werden auch dabei sein. Aber du darfst den Artikel schreiben. Warte nur ab, das wird dir gefallen.“

Na klasse, die gehen zum Spaß hin und ich darf die Arbeit machen! Aber was soll's? Job ist Job, und dann bekomme ich ja auch noch das Fotohonorar. Ich will es positiv sehen.

Zwei Stunden später betrete ich das kleine Theater und nehme neben Dietmar einen der Presseplätze ein. Ich weiß noch, dass ich die verschiedenen Programmpunkte des Varietés mehr oder weniger aufmerksam verfolgt habe. Zwischendurch Notizen, wie üblich, und ein paar Fotos.

Aber dann zieht mich ein Zauberkünstler völlig in seinen Bann. Der hat nämlich sein Leben in Form von Magnetpuzzleteilen sozusagen „eingepackt“. Auf unterhaltsame Weise demonstriert er uns, wie er die Lücken seines Lebens schließen und seinem kompakten Leben einen festen Rahmen geben kann. Mit ein paar Handgriffen baut er an einer Tafel die verschiedenen Lebensbereiche wie Familie, Freundschaften, Liebe, Wünsche, Arbeit und Erfahrungen so ein, dass alles gut in den vorhandenen Rahmen passt.

Der erste Applaus kommt auf. Doch dann hält er ein neues kleines Teil in der Hand und nennt es „die kleinen und großen Probleme im Leben“. Die gehören natürlich ins Leben hinein, vielleicht stehen sie sogar im Mittelpunkt. Aber wie soll dieses Teil ins große Ganze passen, fragt er ins Publikum und streckt meinem Kollegen Dietmar das Klötzchen entgegen.

Jetzt verstehe ich, warum unser Chefredakteur, der bestimmt weiter hinten im Publikum sitzt und alles beobachtet, von einer Belohnung gesprochen hat. Schon eilt Dietmar auf die kleine Bühne und verschiebt unter Anleitung des Zauberers die verschiedenen Klötzchen so, dass nicht nur alle bisherigen Lebensteile, sondern auch die Problemteile ihren Platz finden. Und das ist noch nicht alles: Auch hier passt der bisherige Rahmen wieder um die neue Konstruktion.

Applaus für Dietmar, der sich weltmännisch verbeugt und stolz zu seinem Platz neben mir zurückkehrt. Längst habe ich Kamera und Block zur Seite gelegt und bin ganz bei der Sache. Was ist der Trick?

„Ein neues Teil in fester Struktur kann unser Leben ordentlich durcheinanderwirbeln“, erklärt der Zauberkünstler und fährt fort: „Damit wir aber auch die negativen Anteile ins Leben integrieren können, müssen wir zunächst mal, wie es mein Assistent hier vorne vorgeschlagen hat, das Ganze von weiter weg und aus einer anderen Perspektive betrachten. Dann entsteht durch Verschieben und Umstellen der einzelnen Puzzleteile ein neuer Komplex. Schauen Sie, der ist genauso groß wie der bisherige … und trotzdem haben Problemteile und all die anderen Teile des Lebens darin ihren Platz. Magie, Hokuspokus oder einfach das Leben in all seiner Fülle“, meint er lächelnd.

Als er kurz darauf noch ein weiteres Puzzleteil aus der Tasche zieht, um auch die Freuden und Schönheiten des Lebens in das bestehende Bild zu integrieren, bin ich sicher, dass auch das mit ein wenig Geschick gelingen wird. Mich fasziniert dieses Spiel, bei dem es darauf ankommt, nicht nur die Probleme unterzubringen, sondern auch der Freude und den schönen Momenten einen zentralen Platz im Leben zu geben. Und alles wird von einem stabilen Rahmen zusammengehalten.

„Und, hat es gefallen?“, gesellt sich am Ende der Chef zu uns. „Meinst du, du schaffst den Artikel noch heute Abend?“

„Klar doch!“, antworte ich selbstbewusst. „Jetzt krieg ich das hin. Ich muss nur ein wenig an meiner Einstellung basteln, dann passt das schon. Den Rahmen hab ich ja schon. Und danke – das war wirklich ein Geschenk."

Und die Kerne?

Wissen Sie, wer das Kirschkernkissen erfunden hat? Nun, man könnte es googeln, aber das wäre, wie wenn man beim Kreuzworträtseln alles gleich im Handy oder in den Lösungen nachschaut. Da ist doch der Reiz des Ratens dahin. Wollen Sie meine Antwort auf die Frage mit dem Kirschkernkissen? Das war bestimmt eine praktisch veranlagte Frau mit großem Garten, vielen Kirschbäumen darin und einigen Alltagsproblemen.

Wie ich darauf komme? Also, im Bücherschrank meiner Mutter stand ein Buch der US-amerikanischen Schriftstellerin Erma Bombeck, die mit Humor und Selbstironie aus ihrem Leben als dreifache Mutter und Hausfrau plaudert. Die deutsche Ausgabe trägt den Titel „Wenn meine Welt voll Kirschen ist, was tu ich mit den Kernen?“

Ich behaupte also: Einer Frau wie Erma Bombeck verdanken wir die Erfindung des Kirschkernkissens. Denn wie ist das, wenn man vor einem Problem steht? Wohin mit den Kernen? Was macht man, wenn man auf herkömmlichen Lösungswegen nicht weiterkommt?

Eine Bekannte von mir konnte nach einem schweren Sturz eine Zeit lang nur noch mit Rollator gehen. Besonders schwer fiel ihr, dass sie ihr geliebtes Laientheaterspiel aufgeben musste.

„Du musst vernünftig sein“, meinten ihre Schwestern. „Wir können uns nicht um dich kümmern, wenn du noch mal auf die Nase fliegst.“ Natürlich verstand sie die Sorgen der Geschwister, aber traurig war sie trotzdem. Zum Glück gab es einen pfiffigen jungen Mann in der Theatergruppe, der ihr erst mal eine Skype-Verbindung einrichtete, sodass sie über Bildschirm an den Proben teilnehmen konnte. Einmal im Monat traf sich die Truppe in ihrem Wohnzimmer und brachte ihr die Bühne frei Haus.

Wie oft bremsen wir uns selbst aus mit Sätzen wie: „Ich kann das nicht“, „Das geht nicht“, „Da kann man nichts machen“. Dann bleibt aber alles beim Alten. Schade. „Geht nicht, gibt's nicht, bevor du es nicht ausprobiert hast“, sagt mein Mann immer und verschwindet dann für Stunden im Keller oder taucht ab in seine Schraubenkisten.

„Also, ich kann in dieser Halbliegeposition wirklich nicht arbeiten“, schimpfte ich vor vielen Jahren, als ich nach einem Beinbruch zur Untätigkeit verdammt war. Die Bücher waren schnell ausgelesen, die CDs alle gehört – und ich konnte weder im Haushalt noch am Schreibtisch arbeiten, ohne dass mir das verletzte Bein höllisch wehtat. (Das war in der Zeit, als das World Wide Web noch ganz weit weg war.)

Mein findiger Mann ließ mich damals weiterjammern und verschwand im Keller. Als er wieder auftauchte, hatte er ein Monstrum mit Rollen darunter gebaut, in dem ich mein Bein bequem hochlagern konnte. Gleichzeitig ließ sich ein kleines Arbeitspult herunterklappen. Das Gerät hätte keinen Preis für Ästhetik gewonnen, aber es half mir in den nächsten Wochen enorm dabei, mich in der Wohnung fortzubewegen. Wir hätten das Teil glatt zum Patent anmelden können.

Erst viel später ist mir bewusst geworden, wie viele guten Dinge meines Lebens in dieser schwierigen Phase ihren Anfang genommen haben, etwa die Bereitschaft, Neues auszuprobieren, freiberufliches Arbeiten, Malen und Bücherschreiben.

Wenn eine Sache nicht geht, geht vielleicht eine andere. Hauptsache, es geht weiter. Manchmal ist einfach kein Kirschenjahr. Aber dann brauchen wir uns auch nicht um die Kerne sorgen.

Lachen

Ich komme aus dem Supermarkt. Vor dem Eingang unterhalten sich zwei Frauen mit ernster Miene.

Ich höre, wie die eine sagt: „Nein, das macht keinen Spaß, mir ist das Lachen gründlich vergangen."

Da antwortet die andere: „Sie haben ganz recht, das Leben ist nun mal kein Ponyschlecken." Sie stutzt einen Moment über ihre Worte, bemerkt die falsche Kombination zweier Sprichwörter, winkt ab, lacht los und steckt mich und ihre Gesprächspartnerin mit ihrem Lachen an.

Herrlich, denke ich, denn selbst wenn das Leben nicht immer Honigschlecken oder ein Ponyhof ist, muss man das mit Humor nehmen. Mir ist der schöne Satz im Gedächtnis geblieben. Auch jetzt muss ich wieder lächeln, wenn ich an die beiden erst so ernsten und dann lachenden Frauen vor dem Supermarkt denke. Gewiss löst ihr gemeinsames Lachen nicht die schwierige Lage, in der sie sich befinden, aber es nimmt so viel von der Anspannung und dem Trübsinn.

Geht es uns nicht öfter so? Manchmal geraten wir in ernste Situationen oder ganz schwierige Gespräche. Man denkt: Da komme ich nie wieder raus; ich werde nie wieder fröhlich sein und Freude empfinden. Ich glaube, für solche Situationen hat uns Gott eine Waffe mit entwaffnender Wirkung geschenkt: ein Lächeln. Man sagt nicht umsonst: Der kürzeste Weg zwischen zwei Menschen ist ein Lächeln. Ist es nicht wunderbar, wenn uns ein Mensch auf der Straße anlacht, statt mürrisch vorbeizugehen?

Neulich stieg in der U-Bahn eine junge Mutter mit ihrem Kind im Buggy ein. Irgendetwas tat dem Mädchen beim Sitzen weh. Die Mama nahm die Kleine aus dem Kinderwagen und versuchte, sie zu beruhigen. Aber erst mal kullerten dicke Tränen über die Wangen und das Mädchen wirkte todtraurig. Da setzte sich ein Mann neben mich auf einen freien Platz.

Die Kleine sah zu ihm hinüber und lachte plötzlich lauthals. Fröhlich rief sie: „Didi, Didi!“, und deutete auf den Mann. Dieses fröhliche Kinderlachen war einfach herzerfrischend.

Die Mutter klärte den schmunzelnden Mann und die mitlachenden Fahrgäste auf: „Entschuldigung, aber Sie haben wirklich Ähnlichkeit mit meinem Bruder Dirk – und den mag Sofie so gern.“

Von Kindern können wir in puncto Lebensfreude ganz viel lernen. Wussten Sie, dass Kinder vierhundertmal am Tag lachen oder kichern, wir Erwachsenen dagegen nur fünfzehnmal? Schade, oder? Dabei tut es so gut, mal über sich selbst oder wie hier in der Bahn mit anderen zu lachen.

Auch das kleine Mädchen hatte ja am Anfang Schmerzen und offenbar Grund zum Weinen. Wie schnell konnte sie auf Fröhlichkeit umschalten – von einem Moment auf den anderen!

Eine thailändische Bekannte ist für mich in dieser Beziehung auch ein gutes Beispiel. Trotz eines schweren Schicksalsschlags versucht sie sich nicht unterkriegen zu lassen. Als ihr Mann krank wird, wagt sie beruflich einen Neuanfang und wird Physiotherapeutin. Gerne komme ich in ihre Praxis. Wenn sie Zeit hat, backt sie sogar „leckelle Flühlingslollen“ für ihre Kunden. Auch da bin ich gerne Abnehmerin für mich und meine Familie.

Als sie mir jedoch beim letzten Mal von „Pitse“ erzählt, die sie für mich im Gefrierfach hat, winke ich ab: „Nein danke, ich habe zu Hause noch Pizza eingefroren.“

„Nein, Pitse, leckele Pitse“, beteuert sie. Thailändische Pizza? Ich wusste gar nicht, dass sie dort eine Spezialität ist.

Während ich mich anziehe, läuft sie schnell in ihre Wohnung und kommt mit einem Gefrierbeutel zurück. Was ist drin? Natürlich – Pilze!

„Sag, ich doch, Pitse“, wiederholt sie und schenkt mir ihr schönstes Lächeln. Ich lächle zurück und umarme sie.

Ist das nicht irre, sag ich zu mir. Wir verstehen uns nicht immer gleich, wenn wir miteinander sprechen. Doch wie unterschiedlich wir auch sind, wir lächeln in derselben Sprache.

Hat Ihnen dieses Buch gefallen?
Schreiben Sie's uns auf www.brunnen-verlag.de.
Ihre Meinung zählt!